我要看到愛流成河！

奧維德

愛的藝術

古羅馬……你更懂撩，

……兩千年的愛情聖經！

奧維德（Publius Ovidius Naso）——著
劉燁，諾瓦——編譯

崧燁文化

序言

《愛的藝術》是古羅馬文學名篇。作者奧維德聲稱自己是愛情藝術的「啟蒙者」，他分別向男女宣講了愛情的藝術。書中細膩的心理描寫、巧妙的寓意和對比無不與藝術密切相連，為了佐證自己的觀點，奧維德還引用了大量希臘、羅馬神話中的愛情故事，極為動人，給人以美的藝術享受。

薩德寫下眾多經典的現代愛情故事，但與這本兩千多年前的《愛的藝術》相比可謂是小巫見大巫。儘管同屬於奉獻給維納斯女神的偉大祭品，後者卻顯得溫柔輕快很多。奧維德循循善誘的口吻，更像一位老者，正在給那些不諳世事的人們講解愛情的藝術。言語間無可否認的魅惑力量，使他在今天看來也無愧於被稱之為「愛情藝術的導師」。

本書摒棄了《愛的藝術》中有爭議的地方，即涉及性愛、偷情與私通的內容，在保持《愛的藝術》原意的基礎上，結合現代愛情的需要，詳細論述了包括服飾化妝、社交禮儀、示愛方式、情書寫法、情話技巧、維持愛情的策略等愛情的方方面面。

本書仍然保留著《愛的藝術》全書的結構體系：第一卷，如何獲得愛情，告訴男性如何接近心儀女性並打動她的芳心；第二卷，如何保持愛情，即男性如何維繫與所愛女子的愛情關係；第三卷，愛情的良方，指導女性如何獲得愛情並使愛情牢固長久。

愛情是一門藝術。它需要我們用心靈的甘泉去澆灌，用生命的激情去燃燒。因此，你在尋找戀人或在處理與戀人的關係時，不能只讓其悄然發生，自然生長，而應該用心栽培，用心經營。只有這樣，愛情才能開出燦爛之花，結出輝煌之果。漫不經心、馬馬虎虎，只會錯失良機，或使愛情變得平平淡淡，蒼白無力。

所以，《愛的藝術》不可不讀，它能讓你掌握愛情的藝術，讓你在愛情面前不再盲目，不再不知所措，不再輕易踏入愛情的墳墓，不再中那甜蜜的圈套，你將輕鬆應對複雜的情場狀況，提高愛情之箭的命中率，盡情享受愛的浪漫，愛的溫馨，愛的激情。

目錄

第一卷　如何獲得愛情

第二卷　如何保持愛情

第三卷　愛情的良方

第一卷　如何獲得愛情

「哦，你對愛的藝術一無所知嗎？那麼，來讀讀這篇詩吧！讀完之後，掌握了其中的道理，你就可以向愛神簽名報到了。藝術的作用該有多大呢？透過藝術，我們可以使有帆和槳的船隻航行如飛；透過藝術，我們可以使車馬輕捷奔馳。愛情也不例外，它也應該有藝術來引導。」

愛情是一門藝術

愛情不只是一種感情，同樣也是一門藝術。它需要人們用心靈的甘泉去澆灌，用生命的激情去燃燒。

《愛的藝術》說：「藝術的作用該有多大呢？透過藝術，我們可以使有帆和槳的船隻航行如飛；透過藝術，我們可以使車馬輕捷奔馳。愛情也不例外，它也應該有藝術來引導。」

對於愛情，無論用多麼優美的辭藻來讚美都不為過。愛情是人類最永恆、最持久的生命之火，是人生中最亮麗、最迷人的嬌豔之虹，是人性中最真摯、最純潔的情感之花。

英國大文豪莎士比亞曾說過：「愛情是生命的火花，友誼的昇華，心靈的吻合。如果說人類的感情能區分等級，那愛情該是屬於最高的一級。」

古往今來，多少仁人志士、智者哲人、文人騷客乃至普通百姓，有誰的心不會因為愛情而顫慄？有誰的生活不會因為愛情而燦爛？有誰的青春不會因為愛情而輝煌？

愛情，伴著我們長大成人，又隨著我們衰老死亡，它主宰著我們的喜怒哀樂，又在我們的生老病死中成長與消亡。它像春天的玫瑰，有的在風中怒放，有的卻在雨中殞落；它像秋天的蒲公英，有的在天地間飄飄灑灑，有的卻在乾澀沙地上墜落消亡。

愛情，可以把野蠻變成溫順，把理智變成瘋狂，把謹慎變成輕率，把脆弱變成堅強……當愛情歡快的時候，就像諸神的祝福，使人陶醉於歡樂之中；而當愛情憤怒的時候，又像眾魔的詛咒，使人沉淪於昏暗之中。愛情擁有如此巨大的魔力。

愛情不只是一種感情，同樣也是一門藝術。奧維德在《愛的藝術》中開篇便說：「哦！你對愛的藝術一無所知嗎？那麼，來讀讀這篇詩吧！讀完之後，掌握了其中的道理，你就可以去向愛神簽名報到了。」接著又說：「藝術的作用該有多大呢？透過藝術，我們可以使有帆和槳的船隻航行如飛；透過藝術，我們可以使車馬輕捷奔馳。愛情也不例外，它也應該有藝術來引導。」

所謂愛情的藝術，通俗地說就是為一個需要愛情的人，定一個合適的愛情目標，在合適的時機，用合適的手段，使他們發生愛情並最終結合。如果把愛情比作一個市場消費過程，愛情的藝術就是為你這「忠實消費者」，找到一個最合適的世間絕品。讓你盡情享受愛的浪漫，愛的溫馨，愛的激情。

需要指出的是，《愛的藝術》雖然強調愛情的藝術，但卻無意教你把愛情變成一種陰謀，只是提醒你，愛情可以透過認真分析，仔細研究，精心策劃，找到愛的規律，讓愛情達到科學的完美。掌握了愛情的藝術，你的愛情將不再盲目，不再不知所措，不再輕易踏入愛情的雷區，不再中那甜蜜的圈套，你將輕鬆應對複雜的情場狀況，提高愛情之箭的命中率。

《愛的藝術》指點迷津

「愛情應該有藝術來引導」，似乎與「愛情」的本意相背離，愛情是兩情相悅，是心靈的吻合，它豈能讓帶有功利主義的「引導」插足其間。其實不然，引導愛情並非是否定感情，而是讓兩人之間的感情更加完美地融為一體。

《愛的藝術・第一卷》

哦！你對愛的藝術一無所知嗎？那麼，來讀讀這篇詩吧！讀完之後，掌握了其中的道理，你就可以去向愛神簽名報到了。

藝術的作用該有多大呢？透過藝術，我們可以使有帆和槳的船隻航行如飛；透過藝術，我們可以使車馬輕捷奔馳。愛情也不例外，它也應當有藝術來引導。

拉俄墨冬（希臘神話傳說中的英雄阿基里斯的駕駛）駕車的藝術爐火純青，他懂得怎樣去操縱柔軟的轡繩；提費斯，阿爾戈大船上的掌舵人，他的技藝也是完美無比。我曾經被維納斯女神指定為溫順愛神的導師。所以，我必定會作為愛神的提費斯和拉俄墨冬而馳名。愛神天生造就的倔強脾氣，使他時常拒絕遵照我的吩咐行事。不過，他終究只是一個孩子，而孩子是容易被塑造的。

啊！暴烈的雄牛終究只能向耕犁之軛屈服；驃勇的戰馬即使猛烈地咬那轡頭，也難以擺脫它的控制。

同樣，愛神終將會被我馴服，即使他的利箭射穿我的胸膛，他的耀眼的火炬在我面前揮舞。他的箭越是鋒利，他的火越是猛烈，它們就越是激勵著我撫慰心靈的感傷。

目標需要定位

愛情是我們人生中的瑰寶，需要我們備加珍惜，用全身心去關注，任何對愛情的不恭都將受到愛的冷淡對待。因此，既不能盲目地追求愛情的浪漫意境，又不能對愛情存在著玩一玩的心理，而要做精心的準備，正確的定位。

《愛的藝術》說：「願意投到維納斯的旗幟下操戈戰鬥的男士啊！首先，你要留心，尋找你喜歡的女子。」

真正的愛情，就激情來說，是生命的一次震撼；就溫柔來說，是彼此的呵護與關愛；就時間來說，是焦慮的等待，熱切的期盼；就空間來說，有時大得可以容納整個世界，有時卻小得容不下半點猜疑。

愛情是一種至高無上的生活情趣，是一種全身心的強烈投入。

《愛的藝術》讚美愛情，它在宣講了「愛情是一門藝術」之後，呼籲道：「願意投到維納斯的旗幟下操戈戰鬥的男士啊！首先，你要留心，尋找你喜歡的女子。」《愛的藝術》告訴我們，愛情不可盲目，需要我們進行正確的目標定位，而不是毫無目的的去追求。

愛情不可盲目，但人們往往忽略了這一規則。由於心理的不成熟，許多人因控制不了青春的躁動，對自己、對他人都沒有一個明確清晰的認識，便盲目地「一見鍾情」，蹚入了愛情之河，然而卻迅速地被捲進了漩渦。經過了一段短暫、難忘、迷狂的愛情體驗之後，他們大多變得憂鬱起來，有的甚至不敢再言愛情。他們的愛情就像一閃即滅的火花一樣，永遠不能照亮今後漫長的一生。

除此之外，許多年輕人戀愛伊始往往懷著美好的憧憬，希望戀人完美無缺。遇到了好的姻緣，明明幸福就在眼前，卻不著邊際地遐想，可能還有更好的，於是便放棄了近在咫尺的幸福，去追求雨後彩虹般的美麗。這也是不懂目標定位的表現。這樣的人應該認識到：最愛就是最好。當然，我們這樣說，絕不是說愛情可以不經過慎重的選擇，但是應該明確：愛情絕不能湊合。

總之，每個人都應有自己的審美標準。對於愛，我們既要珍惜，又要保持冷靜；既要用心選擇，又要用心策劃。因為通往愛的殿堂的路是崎嶇的，稍不留意就會進入「愛情墳墓」。我們只有時刻把握住愛的正確方向，才能順利地到達愛的神聖殿堂。

《愛的藝術》指點迷津

目標定位，即精心選擇自己的愛情目標，盡可能充分地掌握你所能接觸到的異性的資料，客觀地為自己的愛情進行目標定位。對初步入選者觀其身高、相貌、智商、性格、愛好等各方面條件，並準確判斷是否適合自己。基本合適後，就將愛情的目標鎖定。

《愛的藝術．第一卷》

願意投到維納斯的旗幟下操戈戰鬥的男士啊！

首先，你要留心，尋找你喜歡的女子；

其次，你要留心，去吸引你所喜愛的女子；

最後，你要努力使這愛情維持長久。

這就是我的計劃；這就是我的綱要；這就是我的馬車將要去馳騁的場地；這就是我們要努力去達到的目標。

何處尋芳蹤

除非你有非凡的魅力，否則女性不會自己送上門來。對一般人而言，會來敲門的女性不外乎是發送傳單或銷售日常用品的女業務員。如果你想尋覓芳蹤，最好還是走出房門到外面去尋找。

《愛的藝術》說：「當你想找一個你能永久愛戀的對象時，你首先應該弄清楚，在哪些地點可愛的女人會經常出現。」

一旦你了解自己想找一個什麼樣的戀人作為自己一生的伴侶，那麼下一步該怎麼做呢？

《愛的藝術》的回答是：

「如果你尚未結婚，尚一無所羈，那麼這正是你去選擇一個女人並對她說『唯有你才是我喜愛的女子』的大好時機。這位適合於你的女子，當然不會乘坐一陣和風，從天而降，來到你面前。要想得到她，你必須用眼睛去尋找。狩獵的人知道他應該在何處撒下羅網才能捕獲赤鹿，也知道在什麼樣的山谷藏有野豬的巢穴；抓鳥的人清楚他應該在什麼樣的叢林裡設置籬竿才會有收穫；打魚的人明白在什麼樣的水域魚最多。你也應當如此。當你想找到一個你能永久愛戀的對象時，你首先應該弄清楚，在哪些地點可愛的女人會經常出現。」

《愛的藝術》的描寫是如此的細膩，言詞間無不給人以美的藝術享受。可又該到何處去尋覓適合自己的女性呢？

假若你的舞技不佳，討厭跳舞，也不想改善舞技，那麼你和在舞廳裡邂逅的女子在一起會感到自在嗎？這就是與女性邂逅的學問：衡量自己的能力、技術和才智來選擇你的社交活動，你將有可能遇見適合你的女伴，以下提供一些良方以供參考。

列出能協助你的朋友或家人

由一位可信賴的朋友、同事或家人為自己介紹對象，這是和異性交往的好方法。當然，你應該讓你的朋友們知道你想找一個什麼樣的戀人。這是多數人遇見心儀對象的方式。

出門逛逛

要邂逅不相識的女子，你必須到常有女性聚集的場所。選擇一個你有興趣的社團參加。你也可以將你的才能貢獻給慈善服務團體，在那裡你不僅會遇見人群，更會遇見關心他人的異性。

做自己喜歡做的事

你真正喜歡做什麼事？想想看吧！你可以在紙上列出所有你極感興趣的嗜好、運動、技能和活動。有喜歡做這些事的女性嗎？場所在哪裡呢？

有一位朋友，他錢包扁扁、空閒時間也不多，主要的休閒活動是釣魚，但是，當他思考他所喜歡做的事時，才發現自己擅長手工藝。經過思索之後，他決定上縫紉課。其實，他在上課前還猶豫不決，因為他是班上三十四名女性同學之外唯一的男性，他馬上成了明星。下課後，同學們都會邀請他去喝咖啡，參加家庭聚會，把他介紹給單身姐妹，這可是意外的收穫。

參與戶外活動

有任何運動或體能活動是你特別熱衷的嗎？跑步？游泳？登山？有女性社團投入這些活動嗎？這是「做自己喜歡做的事」的另一解。

選擇體能活動

研究顯示，生活規律的人們較可能做到這點。參加體育團體或課程，你將遇見和你有共同興趣及目標的異性，而且能在此過程中鍛鍊體魄。

舊情復燃

有時陪伴你下半生的女性很可能是曾經認識的人。回顧你的舊愛及異性朋友，思考一個問題：「如果可能，我會重新開始這段關係嗎？」假若你的回答是肯定的，那麼先問問自己：「我可以嗎？要從何處開始呢？」接著便可進行追求的行動了。這是單身一族有時會忽略的大好機會。

甚至你也可回想：在過去曾有某個你覺得不錯的人，希望你主動追求，而你卻沒付諸行動的呢？為何不去追求她並看看她現在是否仍適合你呢？

避開不適的對象

看過麥克．道格拉斯和葛倫．克蘿絲主演的《致命的吸引力》嗎？當有一天你發現孩子的寵物兔被放在鍋中烹煮時，為時已晚矣！可是你知道為什麼會遇到如女主角一般恐怖的女性？你又該如何避開她們呢？其實一開始通常是渾然不覺的，等發覺不對勁時，常常已是交往數月以後的事了。可是你可控制情況，使它不再惡化，當你發覺她並非你要尋找的人時，你必須設法儘快抽身，使傷害降至最低。

《愛的藝術》指點迷津

與女性接觸時應注意以下事項：

風度——視線交會時要報以微笑，並輕鬆地和她打招呼；

談吐——不要矯揉造作，但也不要太嚴肅，以免對方緊張；

視線——不要一直盯著對方；

穿著——如果有固定的對象，當然應配合她的喜好，一般以套頭衫最簡便，衣冠不整總令人討厭。

《愛的藝術．第一卷》

現在，如果你尚未結婚，尚一無所羈，那麼這正是你去選擇一個女人並對她說「唯有你才是我喜愛的女子」的大好時機。

這位適合於你的女子，當然不會乘坐一陣和風，從天而降，來到你面前。要想得到她，你必須用眼睛去尋找。

你也應當如此。當你想找到一個你能永久愛戀的對象時，你首先應該弄清楚，在哪些地點可愛的女人會經常出現。

如何接近心儀的女性

面對心儀的女性，如何接近和獻上你的殷勤，是你迫切需要解決的問題。其實，與其坐失良機，倒不如勇敢一些，即使當場出醜，也無怨無悔。

《愛的藝術》說：「在這裡，你只須去緊靠著她坐下，而且靠得越緊密越好。這樣做沒什麼妨礙。那狹窄的空間迫使你不得不和她緊緊擠在一起。這在你是無上的幸運，而在她則是萬般無奈，只好默認。」

面對心儀的女性，你該如何行動呢？

《愛的藝術》的回答是：尋找一切可能接近她的機會。

《愛的藝術》舉例說：

「你不要忘了那驃悍的駿馬競爭勝利女神的棕櫚花環的競技場。這個聚集著無數人的圓形競技場，是愛神特別喜歡惠顧的場所。在這裡，要想表達你內心的祕密衝動，你用不著去做手勢，也用不著去留意你的心上人表露她的內心世界的各種暗號。你只需要去緊挨著她坐下，而且挨得越緊密越好。這樣做沒什麼妨礙。那狹窄的空間迫使你不得不和她緊緊擠在一起。這在你是無上的幸運，而在她則是萬般無奈，只好默認。」

在那擁擠的地方，緊靠著她坐下，是接近她最好的方式。總之，你應該主動去尋找一切可能接近她的機會。

尋找接近她的機會

探知她經常去的地方，如書店或咖啡廳，假裝偶遇。假設對方是同學或同事，經常藉故同行。

故意參加與她的愛好有關的活動，讓她知道你與她有相同的愛好。

在住處附近相遇

收集資料——最好能查出她的地址，或是她經常去買東西的地方，甚至她的愛好等。

經常在她四周出現——要有空閒的時間，經常在她可以看到的地方出現，比如散步、看書或慢跑等。

在她家附近徘徊——用紙袋裝水果，故意走到她身邊時袋子破了，她一定會幫你撿水果，這時你可以向她表示感謝，並邀請她一起喝咖啡。

經常在上班或上學途中「偶遇」

若是在同一所學校上課，或同一家公司裡工作的女孩，你可以請朋友介紹認識，或在參加聚餐時認識她。但是，若是在街上或在旅行時遇到的女孩，就只有靠自己了。現在，讓我們來看看以下的情況：

讓她記住你的存在——如果兩人視線相遇，就對她報以微笑。

掌握機會說幾句話——例如車子遲到了，或者談談天氣等。

查出她上車的站名，裝著偶然遇見她——「你住這附近嗎？我有一個朋友也住在附近……」

在車站附近等她——「嗨，又見面了，請你喝杯咖啡如何？」

在旅途中相遇

接近——請她幫你拍照後，加她 FB 或 LINE 並邀請她一起參觀名勝古蹟。

再度接觸——在分開的當天或第二天，從你的住處寄明信片給她或在網路聯絡她。旅行歸來後，見面時送她一些土特產。如果她住在很遠的地方，可以通信聯絡。

其他接觸方法

裝做認錯了人。

「這條手帕是不是你掉的……」

「淋雨會感冒的，我們一起撐這把傘吧！」

《愛的藝術》指點迷津

經常與她接觸會減少她的戒心。你可以故意穿上和她同顏色的毛衣，同時出入一個地方，或在令她感到意外的地方相遇，這樣往往能讓她覺得你與她有緣分。

《愛的藝術．第一卷》

你不要忘了那驃悍的駿馬競爭勝利女神的棕櫚花環的競技場。這個聚集著無數人的圓形競技場，是愛神特別喜歡惠顧的場所。

在這裡，要想表達你內心的祕密衝動，你用不著去做手勢，也用不著去留意你的心上人表露她的內心世界的各種暗號。你只需要去緊挨著她坐下，而且挨得越緊密越好。

這樣做沒什麼妨礙。那狹窄的空間迫使你不得不和她緊緊擠在一起。這在你是無上的幸運，而在她則是萬般無奈，只好默認。

你會附和嗎

恰當的附和，能接近彼此的距離，使你贏得她的好感。因為，你的附和是對她的尊重，讓她擁有了被重視的感覺。

《愛的藝術》說：「要是看見一些馬正在進入賽場，你就急忙去向她詢問那些馬的主人是誰，而且不論她喜歡哪一匹馬，你均應立刻去附和她。」

能不能擄獲芳心，「會不會說話」很重要。其實，這裡所指的「說話」，有時應該換成「附和」才對。說話是互動的行為，猶如舞台上的兩人一唱一和才有意思。

對於「附和」，《愛的藝術》這樣說：「要是看見一些馬正在進入賽場，你就急忙去向她詢問那些馬的主人是誰，而且不論她喜歡哪一匹馬，你均應立刻去附和她。」

《愛的藝術》認為，「附和」是愛情的藝術之一。它能拉近彼此的距離，使你贏得她的好感。然而，附合也應把握時機，否則會產生相反的效果。

「主任，昨天我和阿麗去看電影。」

「嗯！」

「阿麗說……」

「原來如此！」

這時，主任滿腦子想的全是即將開會的事情，根本沒將心思放在彼此的談話上，因此發生了這種可笑的情形。

明明對方才開始說「阿麗說……」，就被「原來如此」打斷了。像這樣掃興的附和方式如果一再上演，一定會嚴重影響彼此的關係。

所謂「附和」，無非是在對方說話告一段落或說不下去的時候，以「哦」、「原來如此」、「那真有趣」、「後來呢」等詞語來迎合對方的興致，使談話的氣氛更加融洽。

回到上面的那一段對話，如果當時主任附和的方式不是「原來如此」，而是「阿麗說什麼」，表明自己很想知道結果的話，對方一定會興高采烈地繼續說下去。而此時，自己附和的話越多，越能贏得對方的好感。

口舌如簧的功力實在令人欽佩！不過，也必須有旗鼓相當的聆聽者才行——只有得到相當熱忱的回應，說話者的興致、意願才不會冷卻。

女性最討厭有些男人只顧自己說個不停，完全不讓人有插嘴的餘地。這些男人之所以如此，或許是想讓女性多了解一些自己的事情，或許只是簡單的怕冷場，讓兩人都感到尷尬，也可能另有其他的原因。不過，可以肯定的一點是，這種類型的男性一定不擅長「附和」，正因為不諳熟此道，唯恐無法獲得對方的好感，所以，只好自己拚命地說。殊不知最後，反而在對方心目中留下「無聊男子」的印象。

《愛的藝術》指點迷津

附和，往往被認為是沒有主見、缺乏自我。其實不然，附和是一種談話的技巧，是一種回應，更是一種重視。形象地說，附和就像文章裡的逗號、句號，雖然微不足道，但對於整體大局卻有著舉足輕重的影響。

《愛的藝術·第一卷》

於是，你就理所當然的找個藉口開始和她交談。

開始的時候，你應該跟她談些在那種場合下人們通常要說的話題。

要是看見一些馬正在進入賽場，你就急忙去向她詢問那些馬的主人是誰，而且不論她喜愛哪一匹馬，你均應立刻去附和她。

當賽神會（在競賽開始時舉行的一個儀式，由朱比特神廟出發，穿過大廣場和牲口市場，到達競技場，並在賽場繞一圈）的莊嚴肅穆的隊伍進入賽場時，你要熱情洋溢地向你的守護女神維納斯高聲歡呼。

展現「紳士風度」

一個有涵養的女子，最欣賞的必是風度翩翩、言行舉止合乎禮節的男士。也唯有懂禮貌、風度高雅的男士，才能令女性心儀。

《愛的藝術》說：「多少男人成功地贏得一個女人的芳心，僅僅是因為他小心翼翼地替她安置了一張坐墊，用一把蒲扇為她搧了搧風，或是在她纖雅的腳下安放了一張踏腳凳。」

現代社會，男女平等，性別上的歧視雖然沒有了，但在社交生活上，女性仍然是被保護的「弱小群體」。即使是「新女性」，也未必不需要、不欣賞男士的彬彬有禮。而男人在適當的時機，為女士服務一下，也是表現「紳士風度」的絕好方法。

所謂「紳士風度」，不是凜然不可侵犯的樣子，而是指適時地表現出來的禮貌。

《愛的藝術》指出，男人是否具有紳士風度，可以從他的一言一行中看出來。

「如果，有一些飛塵落到了你心上人的身上，你就輕輕地用手指將它拂去。」

「她的禮服拖在地上了嗎？你趕快把它提起來，特別小心，不要讓任何東西弄髒了它。」

「你應該留隻眼睛注意著那坐在她後面一排的觀眾，提防著他把伸出的肘部頂在她柔軟的肩上。」

紳士風度表現了對女性的尊重，是男性良好修養的表現。其實，男人的身體比女人強壯，力氣比女人大，動作也比女人敏捷……具有如此多的先天優勢，男人對女人的照顧也在情理之中，這是男人應有的責任。

乘車時，讓女士先上車；陪同女士到某處去，搶先一步為她開門；進入室內後，為她掛外套、拉座椅；此外，你想抽菸時，應徵得她的同意。這些動作絕非裝腔作勢，故意賣弄，實在是必要的禮貌。但是，做的時候態度要自然大方，才不會弄巧成拙。

陪同女士上街時，則應在道路的外沿保護她，或幫她提較重的物品。下雨時，更應替她撐傘。走在泥濘的路上，也應讓女伴挽住你的手臂，以免摔跤。人群擁擠時，則應先行一步，為她開道。

日常女性需要幫忙時，應該熱情主動地為她效勞。不過，服務宜適中，切忌熱心過度。比方說，你可以代提行李，卻不必替她拿手提包、帽子、遮陽傘；陪女性遛狗，可以幫她拉住繫狗的皮帶，卻不必將寵物抱在懷裡。

禮貌欠周令人不快，禮貌過多也令人難堪，唯有恰到好處、因應時宜的禮貌才會讓人覺得自在。「出乎情，止乎禮」，以溫文爾雅的態度為女性效勞，於細微處展示你的紳士風度。《愛的藝術》說：「諸如此類的瑣事雖然微不足道，卻能使你贏得女士的芳心。」

《愛的藝術》指點迷津

禮貌是發自心底的，外表的做作極易讓人厭煩。所以，奉勸男士們應熟知與異性交往的禮節。如果你知道在什麼場合自己該怎麼做，而且不會違禮失態，那你就是一個標準的紳士了。

搭訕的技巧

與不認識的人搭訕是一種技巧。口才好的人，顯然更容易嘗到愛情之果的甜蜜，但會說並不是亂說，它要求說話者說得合情合理，使人聽起來順心、悅耳。

《愛的藝術》說：「他在那兒高談闊論，撫摩著意中人的玉臂，詢問著競賽次序表，把賭金狠狠地下出，就在這節骨眼上，一枝利箭在他尚未明白怎麼回事的剎那間射中了他的心。」

生活中，常會在某種場合遇到看起來很舒服、讓你心跳的異性，但當你想與之交談時，卻感到辭不達意，這是因為你尚未掌握搭訕的技巧。

在準備上前搭訕的時候，你應該先針對自己的開場白做一個檢討：你要講些什麼？你要如何開口？這是兩個非常嚴肅的問題，每個男人在向女人進攻前，應該先把它弄清楚。沒有人願意被拒絕，所以你要知道什麼可以說，而什麼絕不能說。

你應講些什麼呢？

《愛的藝術》回答：「開始的時候，你應該跟她談些在那種場合下人們通常要說的話題。」

你應如何開口呢？

《愛的藝術》說：「你可以尋找搭訕的機會。」比如，「撫摩意中人的玉臂，詢問競賽次序表。」關於搭訕的技巧，除了《愛的藝術》提到的幾點之外，我們還應該注意以下幾點：

真心誠意

開場白最關鍵是要誠懇。如果你不能表現出最真誠的態度，則沒有任何言語可以打動對方的芳心；但如果你能拿出你最真誠的一面，就算是最簡單的「你好」，也會帶給你好處。女人在這個時候是非常感性的，一旦她們感覺到你的誠意，那麼所有的事都會水到渠成。

誠實為上

雖然，你不會告訴她你的荒唐事跡，但如果約會後，她發現你並不是你所說的勇鬥歹徒的英雄，她一定會非常失望。所以，如果你想踏出成功的第一步，真誠是不二法門，事實上，你會發現說實話會令你更易得到女性的青睞。

別問太多

不要一味地說自己的事情，而應讓她能感覺到你的關心。別問太多她根本不想回答的問題，否則，她會感到被侵犯，開始武裝起來，甚至想立刻拒絕你，所以你應該問她一些問題使她感到你想進一步了解她，千萬不要問太切身的問題，稱讚一下背景音樂的美好，順便問她這方面的喜好，問她在哪裡工作、喜歡什麼樣的活動，注意千萬別問她的年齡、住在哪裡。

適時的讚美

在進行接觸的第一步時，一個真心的讚美是不可缺少的。女性在出門前，可能花上數小時化妝，她們當然希望有人欣賞她們的著裝打扮。如果你的開場白裡包括了

「哇！你穿的這件衣服迷人極了。」或者「我實在忍不住要過來跟你說你實在太美了。」她會感覺你是個有品味的高雅男士，當然她會說你在討她歡心，不過在她的內心裡，她已在暗自歡喜了。

試著微笑，別開玩笑

到這個時候，你應該知道一般女性對於有幽默感的男性存有好感，這是毋庸置疑的，可是千萬別讓她覺得你是個輕佻的人。研究發現，做作而輕佻的開場白的成功率連百分之二十都不到，而一個簡單的「你好」，成功率卻超過了百分之五十五。微笑，沒錯，讓她看到你眼中豪放不羈的閃光，但絕不能有輕佻的表現，一旦她接受了你，你有的是時間讓她欣賞你的幽默。

《愛的藝術》指點迷津

女性的自尊心很強，你與她第一次交談時千萬要注意，儘量談些她關心的、感興趣的話題。談她感興趣的話題，表明你尊重她、關心她，這樣可以滿足她的自尊心和被重視的願望。

《愛的藝術‧第一卷》

總之，在競技場或廣場上，你都可以找到獲取愛情的好機會。愛神時常在那裡嘗試他的力量；而且在那裡，不知有多少人，本來是要看別人的傷痕的，結果卻發現他自己被愛神的利箭射傷了。

他在那兒高談闊論，撫摩著意中人的玉臂，詢問著競賽次序表，把賭金狠狠地下出，就在這節骨眼上，一枝利箭在他尚未明白怎麼回事的剎那間射中他的心；他呼號一聲，發現自己已經由一名觀看競賽的觀眾變成一個犧牲品了。

自信的男人最有男人味

一位女大學生說：「只要一看他的眼睛，我就知道我是否應該愛他。」一位女醫生也說：「如果他的眼睛老是在轉動，那說明他肯定缺乏自信；如果他的眼睛不敢和我對視，那他就不配成為我的心上人。」可見，自信是男人的魅力之源。

《愛的藝術》說：「如果有位漂亮的少女向你詢問，這個或那個戰敗的王侯叫什麼名字，這些徽章象徵著什麼，那是什麼地方，這是什麼山岳，或者那邊又是什麼河川，你要立刻去回答，而且你要盡可能地在她沒有問你之前，就信心十足地把它們一一講出來。」

有一位學者曾調查過不少女性，讓她們回答男性的魅力應表現在哪一方面，絕大多數的答案都是相同的——自信。

男性的魅力不在於容貌，不在於健壯，不在於高矮，也不在於擁有多少財富，而是自信。男人如果沒有自信，就不可能堅強、勇敢、大膽、無畏、積極地追求生活目標和美好未來。那麼，自信是什麼？

第一，自信表現在對生活充滿樂觀和進取的信念。

第二，自信表現在有克服生活上、工作中遇到的困難的決心和勇氣，任何情況下都不動搖，並努力為之奮鬥。

在當代女性眼中，有自信的男子最有魅力。作為女人，誰不希望能與一個頂天立地的男子漢共同生活，誰不希望自己的終身伴侶是一個堅毅、剛強、不畏任何艱難困苦、敢於面對挑戰、不斷追求進取的強者？誰又願意與一個怕苦怕累、對生活毫無信心、悲觀失望、渾渾噩噩的男人相依為命？

《愛的藝術》這樣說，並不是要你去有意地編造謊言，因為故意的欺騙，是愛情的大忌。《愛的藝術》告訴我們，男人需要自信，自信的男人最有男人味。

《愛的藝術》指點迷津

自信的男人可以得到許多人得不到的東西。自信的男人，會大膽地說出：我愛你！不會像那些有心無力的只是在心裡默默地思念而錯過了一生幸福的人。自信的男人，有勇有謀，他們會在困難的時候完成不可能的任務，讓其他人望塵莫及！自信的男人，有著驚人的毅力，他們不會氣餒，對任何有希望的事情都不會放棄，哪怕只有那麼一點點的希望。

《愛的藝術．第一卷》

世界上最俊美的人啊！終將有一天我們會看到你滿披璀璨的黃金盔甲，駕著四匹白駒，回到我們的城下。在你的前面，將走著那些戰敗的俘虜，他們的頸上將繫著鎖鏈，再也不能像從前那樣奔逃。青年男女們將興高采烈地參加這個盛會。

在這一天，人們將洋溢著歡樂。到那時，如果有位漂亮的少女向你詢問，這個或那個戰敗的王侯叫什麼名字，這些徽章象徵著什麼，那是什麼地方，這是什麼山岳，或者那邊的又是什麼河川，你要立刻去回答，而且你要盡可能地在她沒有問你之前，就信心十足將它們一一講出來。

「這邊的是幼發拉底河，在它的額頭上纏滿了蘆葦；那邊那位年老色衰的傢伙是底格里斯河，它的頭上生滿了天藍色的長髮；那些嗎？……嗯！……對啦，他們是亞美尼亞人。哦，遠處那位女子嗎？她是波斯人，就是達娜厄的兒子誕生的地方。這邊的這座城池是最近在阿耳戈利斯的山谷裡建立的。那邊那個囚徒或再遠一點的那個囚徒嗎？哦，他們都是被俘的將士。」如果你知道他們的名字，你就果斷地說出來，要是不知道呢？你就替他們分別「捏造」一個。

聚會上如何得到心儀女性的青睞

戀愛的舞台上，兩人的配合會很生疏，交往中甚至會產生恐懼。這很正常，但也可以避免，愛情的吸引力需要用心去營造：你的態度應主動風雅，你的語言要溫柔得體，你的眼光要真誠熱烈，你的舉止應大方有禮。

《愛的藝術》說：「在筵席酒宴上，也有許多博取女人歡心的大好機會。在那裡，你所得到的可並不只是飲酒的快樂。在那兒，愛神時常臉頰上泛著玫瑰紅，將巴克科斯的雙耳酒罐牢牢地抓在纖嫩的手裡……」

在筵席酒宴上，或者說在一個聚會上，你遇見了自己心儀已久的女子，你很想讓她對你產生好感，於是你開始跟她有意接觸。你極盡殷勤，滔滔不絕地讚美她，與她聊天，然而，她卻始終冷冰冰的，不與你來電。你在心中問自己：我究竟什麼地方令她不滿意？是我不夠英俊有型？當你看見她與各方面條件明顯都不如你的男士聊得很開心時，你氣得眼冒金星想著反敗為勝。

要想得到心儀女性的青睞，《愛的藝術》勸你學上幾招：

第一招：在接近心儀女性後，要面帶成熟、親切的微笑

此招成功與否，要看你心儀的女性在你對她微笑後，是否回報你以微笑。如果她也對你微笑，但純屬應酬性的，那麼，說明你這一招還沒有產生良好的效果。這時，你應該檢查自己的微笑是否真誠，然後你保持這一真誠的微笑，直到她的眼睛又一次轉到你身上。總之，一定要等到她也對你回報一個溫柔的笑容時，才能進行第二步。

第二招：每隔幾分鐘，看她一次

如果剛好她也在看你，這時，你可直視她的眼睛數秒。你看她的眼神必須含情脈脈，但切記不可色瞇瞇。眼神中的愛意必須溫柔而有情。這時，如果她躲開你的眼神，就說明她在心理上還沒有準備好接受你的愛意。因此，你必須繼續每隔幾分鐘就看她一次。如果你看她時，她眼睛的瞳孔放大，那就說明她已接受了你眼神中的愛意。這時，你就可以進行第三步了。

第三招：對她談她所感興趣而你比較熟悉的話題

在談話時，你要注意看她是否在認真傾聽。如果她在聽的時候隔上一會兒就左右看看，那麼說明她對你所談的內容不感興趣。如果這樣，你應該停止談話，看她的反應。如果她會繼續談別的話題，那麼，她是喜歡你的，你可以和她繼續談其他話題。如果你停下來不說話，她也不說話，你就應該知道她現在還沒有喜歡你。這時，你應該從第一步重新做起。

第四招：與心儀的女性熟悉後，可在談話中遞水或飲料時，輕觸她的手或肩膀

這一招一定要在確認對方確定也喜歡你後才能用，否則，弄不好會招來對方的反感。當你用完這招後，看看女孩的反應，就可以知道你的努力是否成功了。

《愛的藝術》指點迷津

在聚會時，衣著切記不可花哨，以免讓所愛女孩有一種花花公子的感覺。用第一招微笑時，最好不要笑出聲，更不可傻笑不止；在與她談話未夠十五分鐘時，不要對她講你生活中不堪的一面，以免嚇跑心愛的女孩；當想與她的手臂或肩膀接觸時，一定不能過於親熱，以免令她生厭。

《愛的藝術．第一卷》

在筵席酒宴中，也有許多博取女人歡心的大好機會。在那裡，你所得到的可並不只是飲酒的快樂。

在那兒，愛神時常臉頰上泛著玫瑰紅，將巴克斯的雙耳酒罐牢牢地抓在纖嫩的手裡。等到他的羽翼讓酒浸濕了，他就會變得昏昏沉沉，停留在他的位置上不能動彈了。

然而，不用多久，他會站起身來，搖動他那讓酒浸透的翅膀。於是，那些沾著從愛神的翅膀上抖落的酒滴的男男女女便要遭殃了。

酒液使得心兒沉浸在愛的遐想之中，而且使得它極易燃上情火。於是，顧慮消隱不見——狂歡已使顧慮無影無蹤；歡樂的時刻來臨了。

貧窮的人勇氣倍增，自信已是百萬富翁。痛苦和憂慮，如今是煙消雲散！面額上的皺紋舒展開來，心頭的煩憂一去不返；在豪爽的鼓舞之下，每個人都心直口快，有什麼說什麼。在這類宴席上，我們的心常常被美麗的女子所俘獲。而把愛情與酒液攙和在一起，更是火上加油。

女人難以拒絕「厚臉皮」的男人

有人說戀愛成功的祕訣，在於「厚臉皮」。戀愛的技巧很多，但最根本的技巧，就是要有旺盛的進取精神。只要厚著「臉皮」進攻，她的芳心就很有可能被你擄獲。

《愛的藝術》說：「請鼓足勇氣，懷著必勝的信念，去衝鋒陷陣吧！在一千名女子當中，能夠抵抗進攻的最多不到一名。而一個漂亮的女人無論是歡迎或抗拒，在內心裡她永遠是喜歡別人追求她的。」

剛開始時，她對於你的追求，可能會毫不猶豫地拒絕。

「他的臉皮好厚，真令人討厭！」

不過，只要有耐心，厚著臉皮地向她求愛，她就會想：「他真是不可理喻的傢伙，他的那種熱情，實在叫人吃不消！」

《愛的藝術》說：「你必須堅信，世上沒有追求不到的女子；只要你下決心，你就一定能夠追求到她。」

塞萬提斯也曾對唐吉訶德說：「把你自己的愛心表現出來。對女人來說，對愛她的男人，雖然會裝模作樣地說：『我討厭你，我討厭你……』但是在內心裡，她一點也不討厭。」

在我們身邊，就有這樣一個「死纏爛打追女孩」的故事：

台北，某中外合資商務公司，臨近中午時，公司的上班族女孩舒怡翻開一則檔案，見其中夾有一張字條：

「舒小姐：中午能否賞光共進午餐？地址：本街拐角處飛龍餐館，海韻廳。十二點準時恭候。陳發良」

舒怡這才記起，剛才送來這則檔案的是本公司業務部一個姓陳的年輕人，三十來歲吧，模樣說不上英俊，但也不醜，總之是那種平凡又平凡的男人。

舒怡卻是那種長相既漂亮，素質又頗高的知識女性，她的眼光從不會在平凡的男性身上多停留一秒。

她隨手將那字條搓成一個小紙團，扔進了紙簍。

隔了一天，她的桌上又有一份檔案，其中夾有一封信，打開來，又是陳發良的。

舒怡稍稍瞄了一眼，見是一封情書，很長，足足有五千字。舒怡沒興趣看，隨手扔進了紙簍。

「叮鈴鈴……」電話響了，摘下話筒，傳來一個男人的聲音：「小舒，我的信你讀過了嗎？我是陳發良。」

「沒興趣。」

「我求你讀一遍，至少一遍。」

「我已經扔了。」

「那太可惜了，那裡面，我寫了一個謎語，很難猜的謎語，不是知識水準很高的人，絕對猜不出來。」

「我正屬於水準不高的那一類，肯定猜不出來！」

但是，好奇心還是被煽起來了。什麼難猜的謎語？她幾次瞥了瞥紙簍裡的那封信，終於拾起來，細讀了一遍。

能耐著性子讀完，純粹是為了尋找陳發良留下的謎語。

謎語很簡單：「街上走著一大一小兩個人，小人是大人的兒子，大人卻不是小人的父親。那麼，是什麼人？」

舒怡想了想，猛然笑了，這是利用人的思維習慣設計的一個「陷阱」，說穿了，不值一猜。

然而，她承認，陳發良的信寫得很有文采，很誠懇。他曾是交大電機系的高材生呢！

一笑而已！信送進了碎紙機。

下午，她又接到陳發良的電話。「舒小姐，謎語猜著了？」……

「好極了，這說明你讀完了我的信。舒小姐能讀我的處女作，我真是太滿足了。」

「為什麼？」

「這類的信，我估計你一個月一定收到一大疊，能賞光讀完，就算抬舉我了。」

舒怡笑了笑：「這樣的大作，希望只讀一次，我沒時間，也沒興趣。」

「當然，當然，為了感謝你欣賞我的作品，明天中午我請客，地點還是飛龍餐廳，舒小姐肯不肯光臨？」

「無功不受祿。」

「我知道，舒小姐是為了讓我省錢，好吧，那就以後再說。」

又過了兩天，舒怡看見桌上擺著一封信，打開，裡面是兩張克萊德曼鋼琴獨奏音樂會的票。

有一張小字條：「舒小姐：知你特別喜愛音樂，託人弄到兩張票。這屬於同事關心，別無他意。陳發良」

舒怡撥陳的電話：「謝謝你的票，多少錢，我叫人送去給你。」

「這是補上次那次飯局的，記得嗎？票只送不賣，你看著辦。」他口氣堅決。

舒怡神往克萊德曼的鋼琴由來已久，捨棄這珍貴的票於心不忍，只好不堅持付錢了。

「不過有個條件，」陳發良笑著說，「舒小姐回來後，要跟我講講聽音樂會的感受。」

「這……」她含糊其辭，「再說吧。」

那晚，自音樂會歸來，陳發良竟把電話打進了她的行動電話。

「舒小姐，音樂會精彩嗎？」

「你是誰？」她不大高興，明知故問。

「陳發良。對不起，舒小姐，打擾你休息了。其實，今天晚上，我也去聽了。《愛的協奏曲》真美，大段大段的華彩樂章，海浪一般漫過來，好像把人托在浪尖上。」

這一段評論，舒怡一聽就知道，挺有見地，看來陳發良也有相當的音樂造詣。

「你的評論還挺內行嘛！」

「哪裡，哪裡，貽笑大方了，希望明天能跟舒小姐交換一下感受，今晚不打擾了。再見！」

「再……見。」舒怡放下話筒。

「這個陳發良，並不那麼討厭。」她自言自語。

這樣的電話，陳發良是三天兩頭地打，而且每次總在適當的時候收線，叫舒怡根本無法對他產生反感。久而久之，她倒習慣了他的電話，每天不是上午，就是下午或晚上，必有一次。

舒怡生日，陳發良送了一大束鮮花，舒怡接受了。晚上，一票同事為她舉行生日小宴，男同事中便有陳發良。

莫名其妙地，舒怡開始注意他。

席間，大家邀請舒怡唱歌，此時螢幕上打出的是《心雨》這首歌。

舒怡不是很想唱這首歌，她認為這種歌的層次低了一點。

陳發良這時說：「這樣的歌請舒小姐唱，表現不出她的水準。這樣吧，我們歡迎她為我們唱一首英文歌《Power of love》。」

舒怡平時就喜歡唱英文歌，而且特別喜歡席琳．狄翁的歌，陳發良的提議，可謂正合芳心。只是她不知道，陳發良怎麼會知道她的愛好，而且知道得如此詳細。

歌唱得真好！美式英語發音，道地清晰，字正腔圓，贏得同事的滿堂喝彩。

「跟舒怡認識這麼久，還不知道她的英文歌唱得這麼棒！」

「下次公司舉行歌唱比賽，我們推選舒怡！」

女伴紛紛讚嘆。舒怡很高興。

後來，他們一道去跳舞。陳發良不會跳，一個人百般無聊地坐在那裡，舒怡倒有幾分同情，但沒搭理他。

夜深了，各自歸去，陳發良主動提出送舒怡回家，舒怡默許了。陳發良叫了輛計程車，和舒怡一道坐了上去，一路上陳發良倒靦腆起來，沒怎麼說話。

在舒怡家樓下，陳發良說：「我送你上去吧，樓道沒開燈，黑漆漆的。」

舒怡進了門，電話就響了，是陳發良用手機打的，「小舒，平安到家了？」

「是啊。」

「我護花使者的責任，算盡到了，我走了。」

舒怡有幾分感動：「這個人，倒蠻細心的。」

可自從這個晚上，陳發良再沒有電話打來，好像一只鐘，猛然停了擺。

舒怡接聽陳發良的電話已經習以為常。開始反感，後來既不喜歡也不討厭，再後來竟有幾分渴望。陳的電話突然中斷，叫她平添了一份空虛。

上班時，她經過陳發良的辦公室，不見他，忍不住走進去問一位小姐：

「陳發良呢？」

他家裡有事，請假回老家了。

以後的幾天裡，舒怡有意無意地打聽陳發良的情況，才知道，他的父親生病住院了，他放心不下便請假回家探望。

晚上，舒怡回到宿舍，深夜尚未入睡。她第一次產生了一種渴望：希望陳發良打電話來。

陳發良在追求舒怡的過程中，使用的便是「死纏爛打法」。最終結果雖不得而知，但至少他已成功地讓舒怡開始注意他，這是小勝在握。聚小勝為大勝，他應有穩步的發展。

對於女人何以拒絕不了「厚臉皮」的男人，《愛的藝術》說得更加明白：「在內心裡她永遠是喜歡別人追求她的。」換言之，是由於女性喜歡被愛的心理，遠超過愛人的心理所致。

《愛的藝術》指點迷津

雖然「厚臉皮」的男人，更易得到心儀女性的芳心，但是，還是要提醒你切忌過於魯莽，唐吉訶德畢竟是唐吉訶德，魯莽只會招來他人的嘲笑以及心儀的女性的厭惡，到頭來只能是失敗的結局。

《愛的藝術．第一卷》

哦，想做情人的人啊！到此為止，我那駕駛著車輪高低不平花車的繆斯女神已經向你傳授了：該到哪裡去尋找獵物，該怎樣去布置羅網。接下來，我要教導你的是該如何去籠絡住你所選定的對象。我的教程裡最最重要的部分就在這裡。

啊！世界各地的戀人呀，請洗耳傾聽我的教導吧！願我的良好願望溫暖你的心！因為我就要履行我向你們許下的諾言了。

首先，你必須堅信，世上沒有追求不到的女子；只要你下定決心，你就一定能夠追求到她。所以，你儘管去把網撒下吧！

請鼓足勇氣，懷著必勝的信念，去衝鋒陷陣吧！在一千名女子當中，能夠抵抗進攻的最多不到一名。而一個漂亮的女人無論是歡迎或抗拒，在內心裡她永遠是喜歡別人追求她的。就算是你遭到了堅決的抵抗，那對你來說也沒什麼危險。可是，你怎麼會遭到抗拒呢？

女人不肯輕易說「愛」

「愛」，雖然只有一個字，卻包含著強烈而深刻的感情。女人不肯輕易吐露「愛」字，她們經常用「喜歡」這個詞掩飾自己的真實感情。那麼，當你的女友說喜歡你的時候，你可知她是出於對你的一片真情，還是……

《愛的藝術》說：「愛情對於女人正如對於男人，同樣是甜蜜的。只是男人通常不會矯揉造作，而女人則非常擅於把她的慾望掩飾起來。」《愛的藝術》是宣講愛情藝術的聖經，它不僅闡述了戀愛的藝術，而且還洞察了戀愛中男女的心理。

事實的確如此，就拿「愛」字而言，女人經常用另外一個詞掩飾自己的真實感情。她們用「我真的很喜歡你」來打消男友的疑慮。她們非常喜歡「喜歡」這個詞。

那麼，為什麼女人不肯輕易吐露「愛」字呢？

感情

毫無疑問，女人感情往往比男人豐富。承認自己愛你意味著承認自己對你產生了強烈的感情。而強烈的感情又意味著她已經過於投入，完全屈服。也就是說，承認愛你等於告訴你：她比平時更容易受到傷害，而傷害她對你易如反掌。

誰也不想做一個脆弱的人。在沒有說出「愛」這個字之前，她還可以讓自己相信並沒有愛上你，因此即使分手也不可能受到傷害。

這顯然不是成熟和自信的處理方法，但有時我們的思想就是這樣幼稚反常。這樣做的全部原因當然是為了保護至高無上的自己。

幻想

女人不說「愛」的另一個原因可能是心存幻想，希望把這個寶貴的字眼留給真正的「白馬王子」。對於愛，女人的心中早已描繪過一幅完美的圖畫，好像我們幻想結婚典禮的場景一樣。看了太多諸如《北非諜影》、《羅密歐與茱麗葉》乃至《漂亮女人》之類的浪漫故事，不要說女人，就是男人也免不了幻想一下與理想伴侶共度今生的完美畫面。

想著心中的圖畫，看著面前的男人，讓女人怎能不生出幾分猶豫——就讓這個男人取代「王子」陪我在落日的餘輝中漫步？對這個男人說「我愛你」，等於認可他符合「王子」的標準。這樣看來，「愛」字怎能輕易出口。

安全假象

有些女人害怕使用「愛」這個字，有些卻又用得過於隨便——她們希望藉此得到安全感。因為，「愛」絕不僅僅是一個字，它為男女雙方提供了一種保證：一種彼此相愛並且因此有一個人時刻關心自己的感覺。

現實生活中，人們很容易將愛與其他一些感情相混淆。因此，當她們說「喜歡」時，事實可能根本不是這樣。所以，學會判斷她究竟是喜歡你還是愛你非常重要。下面便是一些「愛的跡象」：

她不會經常因為你表現出嫉妒心和佔有慾；

她尊重你的私人空間並且不會對你的事刨根問底；

她總是以你的快樂為快樂，並隨時照顧到你的興趣所在；

她毫無保留地信任你；

她給你最美好的祝福和最無私的幫助；

她為自己對你瞭如指掌而感到驕傲；

她隨時準備給你所需要的支持；

一看見你，她的臉上就會出現光彩，眼睛也會變得明亮；

即使很長一段時間沒有性生活，你們兩人之間感情也不會削弱。

《愛的藝術》指點迷津

即使你的女友從未親口說過「我愛你」，也不要輕易斷定她根本不愛你。她可能害怕說出來，或者她只是還沒有意識到自己的感情。她的行動，以及你們在一起度過的快樂的時光，能夠很清楚地告訴你她對你的感覺。「愛」是一個嚴肅的詞，不應該隨意濫用。

《愛的藝術・第一卷》

如果一個女人總是回絕年輕戀人的求愛，那麼即使春天的鳥兒也會停止歌唱，夏天的知了也會緘默無聲，甚至野兔也會回過身來把梅那魯斯（在阿爾迦地亞的山名）的獵犬給驅跑。你以為她是不想屈服嗎？錯啦！在她的內心，其實早已默許了。

愛情對於女人正如對於男人，同樣是甜蜜的，只是男人通常不會矯揉造作，而女人則非常擅於把她的慾望掩飾起來。

女人在什麼時間最渴望愛情

一個女人，如果正處於心情放鬆之中，她不會那麼迫切需要異性。相反，如果她正處於心理萎縮或失意時，則會很想有一個能讓自己依靠的港灣。知道女人在什麼時間最渴望愛情，則能幫助你更好地達到目的。

《愛的藝術》說：「你可以選擇你的心上人因受到對手侮辱而哀泣的時候；那時，你可以使她相信你能夠替她去報仇雪恨。」

在洞察了戀愛中女性的心理之後，《愛的藝術》提出了一件要緊的事情：「現在呢！一件最要緊的事情是你必須和你所愛戀的美人的侍女打好關係，因為她可以為你提供很多方便。」《愛的藝術》是告訴你，要想獲得芳心，你就要多籠絡她身邊的人。

人是感性的動物，不但女人這樣，所有人都這樣。對已經下決心的事情，在特定的條件下往往可以轉變過來。對一個人的看法也是如此。如果她身邊的人都說你好，那在她看來，你就真的好。所以她身邊的人絕不能得罪，而且要好好的打好關係。

當然這裡要注意幾點：不要過分的去和她的女性朋友交往，以免讓她搞不清你到底在追誰；在交往的時候，不要交往過多，針對一兩個特別要好的就行；與她身邊的人交往時切忌送貴重的禮物，以免讓她反感。

籠絡她身邊的人，這樣她們就會為你多美言幾句，而且還可以時刻向你通報她的情況，例如她的喜好、是否有新的追求者等。

接著，《愛的藝術》提出了另一個重要的問題：女人在什麼時候最渴望愛情。《愛的藝術》的答案是：如果她正處於心理萎縮時，是追求她的好時機。

什麼是「心理萎縮」呢？

如果把自我比作氣球，那麼，氣球在萬里無雲的天空，迅速往上飛升的心理狀況便是所謂的擴大感。與此相反，被秋雨打濕、匍伏在地時的心理狀態，便是心理萎縮，即所謂的萎縮感。

一個人，如果正處於「擴大感」之中，就不那麼迫切需要異性。如果嘗到萎縮感受，情形就完全改觀。這時，她會認真尋求真正的愛人。

所謂嘗到萎縮感是指一個人遭到某種失敗，挫折，處於某種危機中；深深地感受到孤寂；失意落魄，自尊心受到傷害；陷入強烈自卑感中……若你在工作場所有了意中人，便可以在她嘗到萎縮感時接近她，比如當她挨了上司的批評，神色黯然，自個兒坐在那裡，這便是你的好機會。她生病了，你可以直截了當地告訴她：「你得保重身體呀，否則我會擔心死的！」在她住院的時候，帶一束鮮花去探病。

總之，在她正處於心理萎縮時，你應把握住機會主動出擊。

《愛的藝術》指點迷津

女性警戒心鬆弛時也是結識她的好時機。

下雨天：下雨天多半待在屋裡，心情較煩悶，戒心較弱。

餐廳進餐後三十分鐘：餐廳進餐後，酒足飯飽，精神煥發，情感的需求加大。

喝了加冰的白酒後：酒後戒心鬆弛，而且十分興奮。

大病初癒時：患病最容易產生依賴心理，病痛初癒時，內心有一種尋找支撐的渴望。

領薪水的那一天：領薪水時，自然興高采烈，想好好享受一下。

《愛的藝術．第一卷》

現在呢，一件最要緊的事情是你必須和你所愛戀美女的侍女打好關係，因為她可以為你提供很多方便。你應當設法搞清楚，她在她的女主人跟前是否備受信賴，是否被當成心腹侍女，以及是否完全了解她的女主人的隱蔽的歡樂。為了把她徹底收買過來，許願和央求一樣也不能短缺。這樣，當她終於站到你這一邊的時候，其餘的事情就可以迎刃而解了。你可以讓她安排一個恰當的時間；可以讓她把時間安排在她的女主人最易被說服、在戀人的誘惑面前最易上鉤的時候。因為，在那種時候，整個世界都似乎在向她啟顏歡笑；在她的眸子裡，你可以發現，那按捺不住的歡樂在閃爍，恰似金黃的麥穗在豐收的田野上歡快舞蹈。那時候，心裡洋溢著無限快樂，煩愁和傷感全部煙消雲散，她就會自動地敞開心扉，張開懷抱；而愛神的船艦就會在不知不覺中溜進了深港。

另外，你可以選擇你的心上人因受到對手的侮辱而哀泣的時候；那時，你可以使她相信你能夠替她去報仇雪恨。你還可以要求侍女在清晨為她的女主人梳妝打扮時去惹怒女主人，並要她趁此為你張帆打槳，一邊嘆息，一邊低語：「夫人呀，你為啥不以其人之道還治其人之身呢？」這樣，你就可以讓她趁機談起你，讓她為你編造一番感人的話，讓她故意起誓，說：「那個可憐的年輕人呀，他為了愛你簡直要發瘋了。」而你則應當抓緊時機去行事，免得風兒停息，帆兒垂落。因為，女人的怒氣猶如薄冰，轉瞬之間就會化解。

以書寄情

男女的戀愛是一門藝術，情書的寫作更是一門藝術。如果說情場如戰場，情書便是愛情戰場上攻堅最犀利的武器。

《愛的藝術》說：「你最好是給她送一封情書，只為了去探探路。在這封情書裡，你要讓她知道你是如何全心全意愛戀著她；你要在上面寫下殷勤的頌詞和戀人們常說的動情的蜜語。」

情書是求愛、戀愛甚至婚姻中極其重要的一環。在求愛與戀愛中，有些時候沒有情書作媒介，很容易使戀愛的美夢變成泡影。

在此，我們若要將情書與戀愛的關係作一詳細的分析，就應該把情書在戀愛的各時期中的妙用逐一敘述出來。

交友時期，情書是愛的媒介。由交友進入初戀，沒有情書的來往，則前進的速度一定很慢。初戀時期，情書是愛的動力。雙方在談情說愛時，若再藉情書以互訴衷腸，則倍感愛的甜蜜，使愛的維繫越加堅固。

熱戀時期，情書是奠定愛的基石。戀愛已經成為事實，但猶須藉情書以奠定永久的愛之基礎。在這期間，雙方交往既密，若缺乏情書的來往，則常因接觸頻繁，往往易生誤會，以致愛的熱度在中途冷卻。

狂戀時期，情書是愛的醒腦劑。男女雙方愛得如痴如醉，未免沉溺其中，假如時常利用情書檢討生活，至少可以維持愛的正常進行。

成功時期，情書是愛的讚美詩。男女雙方雖已由愛的對象成為愛的永久伴侶，若能時常通以一紙情書，則倍感生活的甜蜜。

失戀時期，情書是起死回生的強心劑。男女雙方雖不幸陷入失戀境地，若能誠懇地繼續寄以情書，則很可能重燃愛火，有破鏡重圓的機會。

情書是男女營造感情氛圍的「魔力香薰」，是愛情「蹺蹺板」當中的「軸心」，運用得好，則能保留愛的永久溫度。

不過，寫情書的訣竅很多，這種看似「愛的遊戲」還是很有講究的。

少寫「我」，多寫「您」，女性自然需要男性的更多注意，當你把「您」寫到她心坎裡時，「我」也就在其中了。

儘量用一種別緻的暱稱來替代她的真名，使暱稱成為你向女友奉上的特殊禮物，甚至成為一種愛的信物。

大膽地表露你的愛，寫一些粗獷的情感和細膩的感受，而且不惜筆墨，使男性的豁達和女性的精緻融為一體。

遇到戀愛危機，用「我不願意使你悲傷」的基調來調動女性本有的同情心。同情雖不是愛情，但可以「嫁接」。

明明今天無話可寫了，但寫在紙上的是「一言難盡」，讓對方有所期待，保持一種企盼感。

抓住一些稍縱即逝的契機，例如在你們相互感覺很好時，捎去一封情書，這無疑會產生最大的效應。

注意收集你倆交往的素材。在情書中寫下那些歷歷在目的往事回憶，相信這些點點滴滴會再一次激起你們之間的熱情。

經常變換情書的形式，可用小禮物繫上小卡片，還可在書籍中夾帶小書籤，在變換中足見你的匠心。

使用對方喜愛的信封，一旦固定不要改變，成為「特別的愛給特別的你」的「專遞」標誌。如：怎樣用郵票表達愛情。

除此之外，《愛的藝術》還給你以忠告：「千萬不要過於露骨地表現你的誘惑手段，也千萬不要急不可耐地炫耀你口才的威力。至於學究氣十足的辭章，更是萬萬要不得……寫情書的時候，行文要自然，辭句要簡潔，但一定要含蓄委婉。一句話，即如果想要向對方傾訴衷腸，那你就只寫你想說的話。這樣，別人讀著你的信，就彷彿你本人正在眼前。」

《愛的藝術》指點迷津

千萬不要小看情書的作用，一封美妙的情書可以讓你事半功倍，牢牢抓住心愛女人的芳心。特別是對喜歡浪漫的女性，情書更是具有無窮的魅力。

《愛的藝術．第一卷》

你最好是給她送一封情書，只為了去探探路。在這封情書裡，你要讓她知道你是如何全心全意愛戀著她；你要在上面寫下殷勤的頌詞和戀人們慣常說的動情的蜜語。而且，你可以不顧自己的身分，在情書裡加上最卑微的懇求。阿基里斯為什麼向普里阿摩斯的哀求讓步了？（特洛伊戰爭末年，赫克托為阿基里斯所殺。他的父親、特洛伊末代國王普里阿摩斯不顧眾人勸阻，隻身前往敵營，找到阿基里斯，苦苦哀求，並成功地贖回兒子的屍首。）

所以，把你的充滿甜蜜話語的情書送出去吧！它會為你探查她的心，並為你鋪設一條通道的。那致使庫狄珀受騙上當的就是寫在一顆蘋果上的幾個詞；當不知內情的她把那幾個詞誦讀出來時，她才發現自己被自己的話語給縛住了。（庫狄珀是一位雅典姑娘。格羅斯的富有少年阿孔提俄斯愛上了她。有一次，庫狄珀在阿提米絲的神廟裡祈禱。阿孔提俄斯知道在神壇前發的誓必須履行，他便往庫狄珀腳邊扔了一顆蘋果，上面寫著：「我發誓只嫁給阿孔提俄斯！」庫狄珀撿起蘋果，見上面有字，唸了一遍，就氣憤地把蘋果扔了。以後，每逢她要出嫁時，阿提米絲就讓她得病。無奈她只得嫁給了阿孔提俄斯。）

但是，千萬不要過於露骨地表現你的誘惑手段，也千萬不要急不可耐地炫耀你的口才的威力。至於學究氣十足的辭句，更是萬萬要不得。想一想，除了蠢人白痴，誰會用演講的口氣去給他的情人寫情書呢？一封過於炫耀賣弄的書信常常會使你的情人對你產生厭惡。所以，寫情書的時候，行文要自然，辭句要簡潔，但一定要含蓄委婉。一句話，就是，如果想向對方傾訴衷腸，那你就只寫你想說的話。這樣，別人讀著你的信，就彷彿你本人正在眼前。

愛需要承諾

女人理想中的男人首先應當是一個勇於承擔責任的人。這包括對愛情的承諾、對家庭的承諾和對未來的承諾。幾乎所有女人關心的問題都是男人需要承諾的事情。

《愛的藝術》說：「你要許諾，許諾，再許諾；因為許諾能使你損失什麼呢？在許諾方面，有誰不是腰纏萬貫的巨富？」

「只要有愛存在於兩人心中，不需要有承諾。」

這句話很值得懷疑，因為愛即是承諾。

雖然現在已沒有人會天真地信守忠貞的觀念來維持社會的秩序，但是，作為雙方情感的融合與依賴的承諾，仍然存在於人性之中。

有個大學男生請一個女生與他共譜大學時期的戀曲。這個女生很喜歡這個男生，但她卻回絕了他，雖然她心裡很想答應他。

她告訴他：「我之所以拒絕你，是因為你沒有承諾。現在與你共度良宵，倘若我已開始習慣有你，以後感到需要你時，你又不在，我會很痛苦。」

在女人看來，承諾象徵著男人對她們的重視程度。女人可能從不幻想男女平等，但她們絕不放棄爭取在男人生活中的重要地位。男人給予她們的承諾，等於認可了她們需要的位置。

承諾也代表著女人希望的一種契約關係的形成。婚姻也好，同居也罷，女人的理想化使她們相信承諾遠大於相信法律。

承諾還強調了男人所能提供給女人的保護。女人都是容易受驚的動物，她們窮一生尋求的愛情，在某種程度上不過是一個避風的港灣。

愛需要承諾。當兩人交往時，承諾給雙方提供了安全感，可以讓兩人順利地交往下去。如果兩人誰也不承諾什麼，那麼交往時何談信任。承諾也是一種責任。懦弱的人之所以不敢承諾，是因為無法承擔承諾帶來的責任。但必須清楚：愛情可以很浪漫，責任卻很現實。

《愛的藝術》指點迷津

未來的承諾，對女人極具吸引力。生活中，男性總是想從歷史去探索未來，而在大多數女性的觀念裡，過去的終究是過去，無論曾經如何都已無所謂。對於將來可期待的事，女性總是有著無限的憧憬。

《愛的藝術・第一卷》

你要許諾，許諾，再許諾；
因為許諾能使你損失什麼呢？
在許諾方面，有誰不是腰纏萬貫的巨富？
希望女神，只要她得到了充分的鼓舞，她是能保持長久的。
她雖然是個愛欺騙的女神，但卻非常有用。

女性眼中的男性魅力著裝

女士看男士一般有一個特點，即「透過現象看本質」。當一位女士看到一位男士的穿著時，她會由此聯想到他的其他能力。她們往往認為穿著得體的男士一定精明能幹，其他方面也一定非常出色。

《愛的藝術》說：「樸實無華的裝束對男人來說，即是一種合適的美。當然，你必須學會整潔。」

一個人的穿著，不僅表現出個人的品味和氣質，而且是尊重對方、體現自身修養的充分表現。男性著裝，至少應該注意以下幾點：

男性著裝不宜太華麗

男性的服裝以清新、文雅、穩重為適度，不宜標新立異以致成為不倫不類的奇裝異服。在喜慶的宴會中，女性一般會衣著亮麗，加上髮型、飾物的襯托更顯爭奇鬥艷。而男性則宜以莊重為主，最好著深藍或深灰色西裝外套，不宜以華麗、鮮豔的色彩打扮。

而男士平時的著裝，就更不宜以鮮豔的色彩示人。一般而言，男士著裝，只要沒有陳舊褪色或過大過小，衣著整潔，就會贏得好感。

男性著裝色不過三

男性著裝應講究全身的協調性，其中色彩的搭配十分重要。服裝色彩的搭配有兩種主要途徑，即不同色系的搭配和相同色系的搭配。例如，深色的西裝外套，宜搭配淺色的襯衫和領帶，而淺色的西裝外套，則視場合的不同可搭配深色或白色的襯衫及較暗色調的領帶。不同色系的搭配一定要注意顏色的協調，不要弄成像調色板一樣，給人不莊重的感覺。

同一色系的搭配，主要是指藍色的搭配。深藍色的西裝外套是永不過時的顏色，而且唯有深藍色西裝可配與之相近的淺藍色襯衫及領帶，這種搭配給人以非常莊重的感覺。但注意一定不要使用黑色系或其他色系的同色搭配，這會給人一種沒有品位的感覺。

由於男士著裝強調整體感覺，因此所配顏色不宜過多，以不超過三種為佳。

乾淨整潔是男性著裝美觀的基礎

對於男性著裝，《愛的藝術》強調：「你必須學會整潔。」男性衣著不求華麗，最主要的是乾淨整潔。著裝時最忌看到烏黑的領口、袖口，沾有油汙的褲子，附著塵土的上衣。衣著的最高品味不是華麗，而是一塵不染。做到這一點需要經常換洗襯衫，注意避免意外的汙染，勤換褲子，經常清潔西裝外套。

西裝的選擇

身材粗壯的男士最適合單排扣上裝，但尺寸要合身，可以稍小些，這樣能突出胸部的厚實，但要注意掩飾腹部，注意隨時扣上鈕扣。應選用深色衣料，避免用淺色衣料。使用背帶代替皮帶可以使褲子保持自然，腰部不顯突出，且不會使褲腰滑落。尖長領的直條紋襯衫是最合適的，但要注意繫領帶，這樣別人不會注意你的腰圍。

身材矮小的男士可穿間隔不太大的深底細條紋西裝，這樣看起來高些。不應穿對比鮮明的上衣和褲子。上裝的長度稍微短一些可以使腿部顯得長一點，上裝宜選用長翻領和插袋。可以穿直條紋尖領襯衫，再繫一條色彩稍鮮豔的領帶，打一個基本款式的活結。最好穿褲線不明顯的褲子。皮鞋跟應厚一些，以增加高度。

身材高瘦型男士所穿西裝的面料不宜用細條紋，否則會突出身材的缺陷，格子圖案是最佳選擇。西裝的款式，以雙排扣寬領為佳。寬領襯衫配一條適中的絲質寬領帶，最好是三角形或垂直小圖案，再加一件翻領背心，使體形更顯厚實。褲子應有明顯的褶線和折腳，使用寬皮帶和厚底鞋，使人增添敦實感。

男性著裝的飾物應有整體感

除了領帶搭配要合適外，男士著裝中的一些必要的飾物，如皮帶、手錶、領帶夾及鞋子也應該給人以整體感。

男士飾物不宜過多過雜，以必備品為主，顏色應儘量統一，即使不能統一也應相近，不要給人不倫不類的感覺。

男士的飾物最重要的是品質，色彩及樣式以不突兀為主，但對品質要求極高，有時，一雙品質極佳的皮鞋會給你帶來意想不到的效果。

男性襪子的顏色以單一為佳

得體的西裝外套和飾物搭配，無疑會增加人們對你的好感。但是，如果坐下後露出一雙不合時宜的襪子，想必是另有一番感覺吧？

襪子體現的是一個男士對細節的注意，如果一個人連襪子都搭配得恰到好處，那麼這個人必然會給人以非常周密穩妥的感覺。

選擇襪子時，最好與西裝及鞋子的顏色相近，而且不宜拼色，最好是單一色調的，質料以輕柔舒適為主。切忌穿西裝著運動襪。

《愛的藝術》指點迷津

西裝的穿著，講究的是貼身、顯出線條之美。西裝上有許多口袋，但應注意儘量不要將隨身攜帶的物品放到西裝口袋中，這樣容易給人邋遢的感覺。尤其需要注意的是，西裝的上衣口袋不要放任何東西。

我的另一個忠告是，看在蒼天的份上，不要把你的頭髮燙得鬈鬈曲曲，也不要使用香粉擦抹你的皮膚。像這些華而不實的事情，還是留給那些哀號著佛里幾亞人的頌歌來讚美希栢利女神的嬌滴滴的祭司們去做吧。（希栢利是佛里幾亞的女神，稱為「大神母」。她使自然界死而復生，周而復始，並賜予豐收。）

樸實無華的裝束對男人來說，即是一種合適的美。

當然，你必須學會整潔；你可以到戶外把你的皮膚晒得黑亮亮的；你可以穿上剪裁合體的衣服，把它弄好，不要玷汙。此外，舌頭上要清潔，牙齒上也要不留一點齒垢；千萬不要把鞋弄得汙穢不堪，更不要把大兩三尺碼的鞋套在腳上。至於你的頭髮，不要讓它一簇一簇地直豎著。你務必要把你的頭髮和鬍鬚修剪得整整齊齊，恰到好處。你的指甲也務必要修剪得既清潔又漂亮。不要讓你的鼻孔裡冒出鼻毛。要當心不要讓難聞的氣息從你的嘴裡呼出來，像公山羊似的，一張嘴就騷氣難聞。

《愛的藝術・第一卷》

善於用眼神去傳情示愛

人的目光是一種無聲的語言。在戀愛與婚姻生活中，極大一部分的情感、慾望是用眼睛交流的。所以，要相愛就不能不認真了解一些眼睛傳神的藝術。

《愛的藝術》說：「把你的火辣辣的眼睛凝視在她身上，從而證實你熱戀著她的美意。很多時候，不是嘴巴，而是眼睛能夠湧瀉出一曲絕妙無比的傾訴來。」

的確，人的眼睛具有十分微妙的傳情功能。許多時候，一個含情脈脈的眼神，便能讓她了解你的愛意，甚至立即讓她動心。

然而，直到今天也沒有「目光辭典」來專門解釋各種目光所反映的思想、情感。《愛的藝術》中也沒有過多的介紹，只是指出一切全憑經驗的累積。

以下便是一些用眼神傳情示愛的經驗，希望對你有所幫助。

盯視

即目不轉睛地看著對方，是一種無聲的傾訴。它把心中的千言萬語傾注於一視之中。有時還配以眼瞼的細微活動或目光的亮度與面部肌肉活動，從而表現出不同的情感傾向。

公園一株古柏下站著一個小男生，正盯著距離他十公尺左右的一位女孩。女孩起初未感覺到，偶爾地抬頭望到了這個小男生。說時遲，那時快，小男生莞爾一笑，低下了頭。他的目光好像在說：「我對你有好感，但並不強求。如果你願意的話，請你考慮幾秒鐘答覆我。」女孩直盯盯地注視著他。不一會兒，他突然抬起頭來瞟了女孩一眼，見那女孩含情脈脈地看著他。他似乎從她眼中「聽到」了「我對你有好感，我們可以接近了解」的話語一樣。他毅然微笑著向她走去。兩人到底說了什麼，沒人聽見，但從他們彼此搭上話，然後結伴而去，至少說明了他們進入了戀愛的最初階段。他們相愛的「媒人」，就是他們那會傳情說話的眼睛。

無意對視

無意對視也能為愛情「搭橋牽線」，成為愛情的開始。

日本電視連續劇《三口之家》中英俊、瀟灑、能幹的柴田雄一和美麗、恬靜的稻葉敬子就是在上下班的電車上由無意對視發展成情侶的。

一個人對他人的認識，一般都是由無意注意發展為有意注意的。所以，在選擇對象時要注意在無意中捕捉，進而才能去接近與了解。

脈視

即脈脈含情的注視。它充滿溫柔、愛慕、敬仰、嚮往、追求、眷戀綿綿柔情。脈視時一般面部肌肉鬆弛，多伴以微笑與期待的神情。年輕異性脈視常有愛慕、敬仰、喜歡等心態。一對男女互不迴避地脈視，乃是此時無聲勝有聲的情愛交流；一方脈視而另一方避視，這可能是一種羞怯的表現，也可能是一方不喜歡對方，對方還處在「一廂情願」的階段。不管如何，此時脈視者應適可而止，不要「跟蹤追擊」，謹防自討沒趣。

常用的目光交流方法有四種：

第一，接納法。當你注視對方，而對方向你微笑時，表示對方理解與接納你。反之，當對方面部無反應或迴避你的視線時，表示拒絕接近了解或交談。

第二，戀視法。戀視常傳遞誠摯、熱烈的愛慕之情或戀人間依依不捨的告別之情。這種表現強烈的愛情的方法是以愛慕、敬仰、溫柔、友善的目光不停地注視對方。如果對方以同樣的目光注視你，你可報以微笑，表示相互理解內心的慾望，進而可以接近攀談；如果對方立即避開你的目光，你可以靜觀其變，因為有的人的暫時避視，是一種「投石問路」，試探你是有愛慕之意呢，還是偶然的興趣與欣賞。

大凡愛上一個人，他的目光不會輕易轉移，即使你轉身走了，他也還會戀戀不捨地目送著你。女孩們最懂得這種心理活動。所以，她們總是先注意你是否對她有興趣，一旦發現你在注視她時，大部分女孩又會把頭低下去或轉過身去，少頃她們會突然抬起頭來，偷視你是否一直在注視她。如果她發現你的視線沒有轉移，她心裡就會認為你正在愛慕她，或羨慕、欽佩她，她會感到榮耀與高興。如果她也喜歡你，就會一直待在那裡，等你前去找她說話。除了少數活潑型女子外，一般的女性是不會首先向陌生男子打招呼的。因此，在這種情況下，男子要主動一些。

第三，回視法。回視是轉身注視。它常用於戀視情景中，戀人告別，依依不捨，多次回視表示留戀、情深和誠摯友愛。表示依依不捨的回視，通常是一步三回首或邊走邊回頭；表示禮貌的回視，大多是回頭偷視，看對方有無留戀之意。這些都帶有親善、留戀、嚮往的表情。另外，還有一種帶防衛性的回視，則面部比較嚴肅、緊張，那當然不是愛慕，而是防備對方從後面突然襲擊。

第四，目光回答。目光回答可能有多種。一是目光道歉。當你注視對方，對方面帶慍色時，你還以微笑並迅速轉移視線，其含意是：「對不起，我是無意的。」二是目光謝絕。在你不想讓人看你時，你瞥他一眼，扭轉身去。其意是：「請別看我，我討厭你。」三是目光告誡。對對視者視而不見，不屑一顧，是告誡他：「我瞧不起你，你走開吧！」四是拒絕。當對方死盯著你，你要拒絕他時，最好還以深深的一瞥，其意是：「討厭」。五是警告。當別人投來不懷好意的目光時，你可雙目圓瞪，發出抗議的目光。其意是：「你想幹什麼？離我遠一點！」目光語言十分複雜，需要仔細觀察、領會。

《愛的藝術》指點迷津

眼睛傳情是充分運用眼睛開合度、眼球滾動、眼睛的亮度、眼瞼眨動以及面部肌肉配合等方式來表達思想、交流感情的。但需要注意的是，目光必須文明，即目光傳受的情感要健康、正派，不要用貪婪、呆滯、陰險、狡詐一類的目光和異性朋友交流。

《愛的藝術．第一卷》

當你置身於可以暢飲美酒的華筵之中，如果有位女子坐在你身旁，與你共享同一張長桌時，你要祈求那祭祀儀式在夜間舉行的神祇，請他不要把你灌得頭昏腦脹，失去控制。

那時，你可以輕而易舉地用隱約的言辭與她交談，而她則會毫不費力地猜測出你的真實意思。

你可以用一滴酒在餐桌上描畫出多情的標記，而她將由此看出你對她的愛情的明證。

把你的火辣辣的眼睛凝視在她身上，從而證實你熱戀著她的美意。

很多時候，不是嘴巴，而是眼睛能夠湧瀉出一曲絕妙無比的傾訴來。

對付情敵的藝術

男人談戀愛最怕遇到情敵。其實不用怕，只要她一天未嫁，你就有一天追求與競爭的機會。講究一點藝術，必可穩操勝券。

《愛的藝術》說：「在酒宴上，對於那位女子的追求者，你也應當謙恭有禮。要實現你的願望，沒有比這樣更能贏得她的歡心了。」

戀人身邊多了一位競爭對手，你肯定不舒服。面對他，你採取「角鬥」的方式，只會加快戀人倒向「敵方」的步伐。其實，最有效的方法就是「冷處理」，大多數情況下，它比「熱處理」的效果更好。

《愛的藝術》指出：「一個人，只有認識了自己，才能在愛情中遵循智慧的箴言；只有認識了自己，才能量力而行。」當「情敵」出現時，首先要知己知彼，方能「百戰百勝」。只了解自己，不了解對方，只會瞎忙；只了解對方，不了解自己，顯然信心不足。一般而言，你的「情敵」與你基本上是一個重量級的。因為其條件太高，通常不會看上你的女友；如果條件太低，你的女友也很難看上他。這是一種平衡原理。既然你與他在你女友面前一樣，那麼，你不應該對她更熱，否則，女友會覺得身價倍增，這是一個極其危險的信號。此時，你只有在語言和行為上保持居高臨下，你的女友才會認為你比你的「情敵」強。

與此同時，突然減少接觸的次數，甚至乾脆一段時間不與她見面。同時也應該注意保持一定的聯繫，例如電話聯繫。這時女友會反省自己在某些方面做得不好的地方，哪些方面得罪了你等。女方的自責越多，感情傾斜也越多。注意，完全拒絕見面只會加速女方對你死心。

另外，在此期間，你也不妨「適度」地增加與其他女性的正常交往，但要把握好尺度。嫉妒是人類的弱點，它存在於男人身上，更體現在女人身上，如果有那麼一兩次讓你的戀人看到你和其他女孩在一起，她會生氣。生氣證明她在乎你，從另一方面也證明你能吸引其他女孩，而且不比她差，爭強好勝的女人往往會反過來加入你的戰線，你的情敵自然無機可乘，你的目的也就達到了。

除此之外，你還應該注意以下幾點：

保持禮貌與氣質

《愛的藝術》強調：「在酒宴上，對於那位女子的追求者，你也應該謙恭有禮。」假如你和女友參加聚會，恰逢情敵也在，你可以溫文爾雅地說：「嗨！真是太巧了，很高興見到你。」不管對方反應如何，女友會因為你讓她在這種場合不至於太尷尬留下好印象。

勿在女友面前批評情敵

《愛的藝術》說：「她若在你的面前誇講那位追求者的優點，你千萬不要反駁，更不能嗤之以鼻。」你應該表現出你的風度，你要察言觀色，聽話聽音，她可能希望你也具備這些優點呢！

勿過分追逐時尚

不必為取悅女友而譁眾取寵，也不必以此與情敵媲美。那樣不但會給人留下不成熟的印象，而且會使女友懷疑你在談情說愛方面也追新求異，不可靠。正如《愛的藝術》所說：「樸實無華的裝束對男人來說，即是一種合適的美。」

《愛的藝術》指點迷津

倘若你的情敵是一個有錢人，你不必氣餒。只要你的女友不是那種只想嫁給錢的女人，他就不足以威脅你。只要你勤奮、上進，你也會有成功的那一天。何況你有令人羡慕的高尚品格，在這方面可能他只是一個可憐的乞丐。

《愛的藝術．第一卷》

在酒宴上，對於那位女子的追求者，你也應當謙恭有禮。要實現你的願望，沒有比這樣更能贏得她的歡心了。

在擲骰子的時候，如果機運把酒宴的冠冕加在你的頭上，你就把榮譽讓給他，你要摘下你的花冠，戴到他的頭上。至於他在這方面是否比得上你，都不要去管，先讓他去享用那榮耀吧……

她若在你的面前誇講那位追求者的優點，你千萬不要反駁，更不能嗤之以鼻，她可能希望你也具備這些優點呢！

男人應該主動

如果你對某個女孩有好感，你總是縮手縮腳當然不會有什麼結果。或許她本來對你也有好感，但時間一長那點好感便慢慢地消失了，搞不好還會讓他人捷足先登。因此，要贏得芳心，必須主動出擊。

《愛的藝術》說：「在愛情這件事上，應當是男人開始的，應當是他先向女人祈求，而對於男人的祈求，女人常常是會很好地傾聽，並愉快地接受的。」

《愛的藝術》告訴你：「即使是最高的天神朱比特，都不得不向傳說中的那些女英雄屈膝懇求，儘管他是那麼的強大，卻沒有一個女子主動向他示好、獻媚。」

女孩大多不會主動出擊，去追求自己喜歡的男孩，除了確實太喜歡了或是那種比較有個性的勇敢的女孩。所以，如果你很喜歡某個女孩，並且認為她對你也有點好感，那就主動些。

這也是《愛的藝術》所贊成的。《愛的藝術》說：「在愛情這件事上，應當是男人開始的。」

從心理上來說，任何一個女孩在被追的時候，心理都是很複雜的。她也許很開心，但是又帶著點惶恐，她對這個闖進自己平靜生活的男人，有著欲拒還迎的矛盾心理，她不是故意的。不要以為她在考驗你，她其實也是在和自己對抗，她怕受到傷害。

不要怕你的主動出擊會讓她反感，《愛的藝術》說：「對於男人的祈求，女人常常是會很好地傾聽，並愉快地接受的。」即使你的表白不幸被拒絕了，那也是很正常的，不要氣餒。也許你再表白兩次，她就會被你打動，一個心地善良的女孩是很容易被感動的。

如果你受一次挫折，就立刻離開，再也不去搭理這個女孩，把自己緊緊地保護起來，默默地舔舐傷口，在你痛苦的同時，殊不知，那個女孩也許正在遺憾、後悔呢！也許她會偷偷地哭泣，後悔拒絕了你，再看到你冷漠的眼神，她更會心痛不已。但是，她卻不會主動請求你愛她。你的過度的自尊心，可能會傷害了女孩那顆敏感的心。她會認為你不是真心喜歡她，否則怎麼會就這樣輕易放棄了呢？

因此，是男人就勇敢點，堅持不懈。女孩子本來就感性，容易沉浸在愛情裡。雖然你付出了努力，而一旦你的真心打動了她，那麼你得到的將是更多更久的加倍的愛。

《愛的藝術》指點迷津

身為男人應該勇敢一點，去追求自己喜歡的女孩，不要那麼畏畏縮縮，一來讓人覺得沒有男子氣概，二來損失的還是自己。幸福要靠自己主動去爭取，別指望別人施捨給你。

《愛的藝術．第一卷》

哦，丟掉那鄉下氣的羞怯吧！好運和維納斯所寵愛的是勇敢的人。

你當然用不著向我請教該和她談些什麼。只要你張口開始，優美的言辭就會不假思索，自然而然地湧瀉而出。

你必須竭盡全力把戀人的角色扮好。告訴她，你是怎樣傾慕著她；盡你所能，去徹底說服她。她很快就會相信你的。

任何女人都自以為頗具魅力，理應被愛，即使是那最醜陋的女人也為自以為是的魅力而沾沾自喜。

況且，有很多人是以虛情假意、逢場作戲開始，卻以墜入情網、真心相愛收尾的。

年輕的美人們啊，請你們用寬容的眼光來看待那些做出愛情的外表給你們看的求愛者吧！這種愛情，儘管起初是虛偽的，但不久就會變成貨真價實的啦！

在愛情這件事上，應當是男人開始的，應當是他先向女人祈求，而對於男人的祈求，女人常常是會很好地傾聽，並愉快地接受的。

所以，要想得到她，你就必須去懇求，而她所期待的也正是被人懇求。你可以向她傾訴你的愛情的原因和最初的感受。

即使是最高的天神朱比特都不得不向傳說中的那些女英雄屈膝懇求，儘管他是那麼地強大，卻沒有一個女子主動地向他示好、獻媚。

毫不吝嗇地讚美她

讚美，是男女雙方將吸引力傳達給對方最好的方法。讚美，也使雙方的吸引力有增強的機會。如果你對某個女人有好感，你可以透過讚美讓對方了解你的心意。

《愛的藝術》說：「要贏得情人的歡心，你還可以借助巧妙的奉承來悄悄地達到，就像河水神不知鬼不覺地溢上兩邊的堤岸。」

一般來說，女性比男性更喜歡被人讚美、奉承，這不只是心情愉快的問題，主要是女性能從別人的讚美與奉承中，確認自己的價值與存在感，從而滿足自己的自尊。

對於讚美，《愛的藝術》中有個有趣的比喻：「瞧，那邊的那隻孔雀，假如你讚美牠的翎羽，牠就會自豪地向你開屏；可是，如果你只是冷漠地看著牠，牠就會把牠的寶物隱藏起來。」生活中，認為「找不到可讚美的題材」的人，必然不懂「讚美」的本質。讚美並非就現成的題材去發揮，讚美的前提是「找尋可讚美的題材」，即使不是十分相關的事物，有時候也可以找出可讚美之處。

女性需要別人的讚賞，也希望得到讚美。那麼，該如何去讚美女性呢？

針對她個人的讚美

總體而言，女人喜歡針對她個人的讚美。如果一個女人讚美他男友的車子、音響，或他最喜歡的球隊，其實就等於是在讚美他。但女人自己就不一樣了，她們喜歡對方直接讚美她個人本身，因為這表示對方有心在注意她、關心她。

《愛的藝術》也說：「你要毫不遲疑地去讚美她的容貌，她的頭髮，她的柔軟的手指和纖巧的足。那最為貞淑的女子聽到對她的美貌的恭維也會動心；就是那最純真的女子也會注意她的容貌，也會為她的美貌感到自豪和快樂。」

讓她感受到無可比擬的優越性

女性通常無法拒絕「只有你……」這類言詞，而這種言詞正好可以滿足她們希望有別於他人的優越感，即使只是些微弱的優越性。「我很少向人這麼說，但是，你跟一般人不同……」有時候只憑這一番言詞，便可打動女性的心。

滿足她的「虛榮心」

「奇怪！你的美就是與眾不同！」像這種讚美方式效果也不錯。在女性的潛意識裡隱藏著對甜言蜜語的渴望，若能做到這一點，即使作風再強硬的女性也會變得柔情似水。「你真美」，這句話最能滿足女性的虛榮心。但是，也有很難「侍候」的女性，這個時候時候該怎麼辦呢？有人說：「讚美美女與醜女時，應該讚美她的智慧。」因為，真正的美女早已習慣別人對自己容貌的讚美，而相貌較差的女性對於言不由衷的阿諛之詞，反而會以為是對方有意諷刺，倒不如讚美對方的智慧，不管是美女還是醜女都會有良好的反應。

用迂迴的方式讚美她

太直露的讚美往往顯得膚淺，由於這類話聽多了，其震撼力就不大了，這是讚美「抗藥性」提高了的緣故。所以，睿智的男人善於曲線恭維。

一個男孩對一個女孩說：「你的父親是罪犯嗎？」

「不是，怎麼啦？」女孩有點吃驚。

「那麼，是誰偷了天上的星星放進你的眼睛裡？」

這時，那女孩才領會了男孩的讚美：你的眼睛好亮啊！

動了口，還不夠，接著他動了手。翻開她領子的衣服標籤說：「原來你是天堂製作的！」又一次含蓄地讚美她為「仙子」。

讚美她付出許多心力的事情

對女人而言，如果能針對她個人付出許多心力的事情進行讚美，會是最令她開心的讚美。例如：

讚美她的特別：我真的很喜歡你的微笑；你的臉；你的眼睛；你的聲音；你的髮色；你頭髮閃耀的光澤；你的手；還有你細嫩的皮膚。

讚美她的精心策劃：我喜歡你的新髮型；我喜歡你的公寓裝潢；你對顏色的品味真好。

讚美她投入很多心力做的事或買的東西：你戴的這頂帽子真好看；你網球打得真好；你的身材很好；你看起來好健康；你穿的這件衣服真好看。

讚美她的創意：你真會跳舞；你的韻律感真好；你寫字好漂亮；你穿衣服真有情調。

讚美她引以為傲的事：你真是個有天分的設計師；你真有責任感，而且充滿愛心；你的組織能力真強。

在讚美之後再加上一個問題

如果能在讚美之後再加上一個問題，可以使效果更好。因為男人的問題給女人提供了敞開心扉的機會，透過回答問題她可以說出她的想法，而願意傾聽的男人更容易得到她的欣賞。例如：

「我很喜歡你新染的頭髮，有沒有得到很多人的讚美呢？」

「你的項鏈好美，你已經買了很久了嗎？你在哪裡買的？」

「你說話的聲音真好聽，你是在哪裡長大的？」

「你今晚好美，你剛剛到嗎？」

總之，女性隨時都在等待別人的讚賞。至於什麼樣的說法才算得體，倒沒有嚴格的限制。唯一可以肯定的是，不要使用否定語氣，以肯定的口吻來說話，不論內容如何，結果總會和讚賞對方牽上關係。

《愛的藝術》指點迷津

只要是誠懇的讚美，總會令人高興。尤其當你運用一些特別的形容詞，她會更加欣喜。當你讚美她時，如果能在形容詞前妥善地運用「很」、「真的」、「非常」、「總是」、「這麼的」這幾個詞彙，可以使效果更好。而這些詞的使用，也讓你可以輕鬆地向她表達她的吸引力。

《愛的藝術‧第一卷》

要贏得情人的歡心，你還可以借助巧妙的奉承來悄悄地達到，就像河水神不知鬼不覺地溢上兩邊的堤岸。

你要毫不遲疑地去讚美她的姿容，她的頭髮，她的柔軟的手指和纖巧的足。那最為貞淑的女子聽到對她的美貌的恭維也會動心；就是那最純真無知的女子也會注意她的容貌，也會為她的美貌感到自豪和快樂。

如果不是為了這個緣故，為什麼直到今天，雅典娜和阿佛羅狄忒瓦還在為她們在艾達山的樹林裡沒能贏得最美麗的女神的稱號而羞慚不止呢？（指雅典娜、阿佛羅狄忒和赫拉爭執誰是最美麗的女神的傳說。）

瞧那邊的那隻孔雀，假如你讚美牠的翎羽，牠就會自豪地向你開屏；可是，如果你只是冷漠地看著牠，牠就會把牠的寶物隱藏起來。

在賽馬的時候，駿馬引以為豪的，就是人們對牠那梳理得光潔的鬃毛和高傲地弓起的項頸所饋贈的讚美。

吻她不用她同意

情場上男人最笨的一句話就是：「我可以吻你嗎？」吻她不用她同意，反而更能贏得她的心。

《愛的藝術》說：「要是你想親吻你的美人兒，那麼你就勇敢一些，儘管去吻她。起初她也許會抵抗，會說你『討厭』，但是，在她抵抗的時候，她實際上正在準備放棄掙扎，向你屈服。」

在童話裡，睡美人沉睡的時候，王子吻了她，這一吻當然沒有徵得睡美人的同意。他的一吻，使睡美人甦醒過來，而且深深地愛上了他。

不告而取是偷盜，不宣而吻是偷心。

而那些老老實實地問女孩「我可以吻你嗎」的男孩子，在說這句話時，已經失敗了一半。著名漫畫家朱德庸的漫畫中有這樣一段對話：

女孩說：「我們必須結束這種不正常的交往。」

男孩委屈地說：「不正常？天呀！每次約會一到晚上十點，我就送你回家。交往半年別說接吻，就連牽手也沒有牽過呀！」

女孩回答說：「對呀！你說這種交往正常嗎？」

女孩的心理，讓「正常的」「好男孩」感到費解。其實，女孩是喜歡男孩採用不宣而吻的方式，這是因為她的羞怯心理。實際上，女孩和男孩一樣，也需要得到異性的愛撫和刺激，也一樣有情感的需要，但是她不能突破自己的羞怯心。

在戀愛中，第一次作親密的接觸時，雙方都會感到有些羞怯、拘謹和緊張。假如一個男孩問女孩：「我可以吻你嗎？」這就等於把突破這些障礙的責任交給了女孩。讓一個女孩承擔如此的責任，這是多麼不紳士的行為啊！

如果一個男孩子在她需要的時候，一句話也不問，就這樣吻了她。他就幫助女孩子突破了羞怯的障礙，做了她想做而不敢做的事情。還有，在雙方第一次親暱前，誰也不敢說完全知道對方的反應，吻而不問就是把被拒絕的危險放在了自己的身上。

難怪一個敢於這樣做的男性，在女性心目中的形象，常常是勇敢而有男子氣的，而那些過於小心謹慎、「尊重女性」的男孩，卻被視為膽小懦弱。而且，吻而不問，是多麼浪漫的事情，她像在聖誕節打開盒子，發現了一個自己沒有想到的禮物。

當然，切忌愚蠢貿然地吻一個女孩子。吻女孩不用問，但一定要看。看自己——自己是不是真的喜歡她；看她——她是不是對自己也有好感。否則，如果你搞錯了，她會憤怒，甚至連朋友也做不成。

《愛的藝術》指點迷津

在你吻一個女孩子前，你還要喚起她的愛意之情。你要關心她的心情，要在一次次的交往中，喚起她對你的情感。當你們的心靈不斷接近，你會發現她眼神的變化，你會感受到她對你的感情在升溫。當你感覺到時機已經來臨，不要猶豫，大膽地吻下去，你已經得到了她的心。

要是你想親吻你的美人兒，那麼你就勇敢一些，儘管去吻她。起初她也許會抵抗，會說你「討厭」。但是，在她抵抗的時候，她實際上正在準備放棄掙扎，向你屈服。

當然，你不能舉止太粗俗，不要用笨拙的接吻擦痛她嬌嫩的嘴唇，不能讓她有理由說你是個粗野的傢伙。

追求不同類型的女性應用不同的技巧

生活中有不同類型的女孩，如活潑可愛型、浪漫幻想型、敏感型、溫柔體貼型、沉默高傲型……追求女孩的祕訣之一，就是追求不同類型的女孩應用不同的技巧。

《愛的藝術》說：「女人的脾氣是五花八門，不盡相同的。所以，針對不同的性格，你要採取相應的追求方法。」

《愛的藝術》的第一卷講的是「如何獲得愛情」，到此《愛的藝術》的敘述已告一段落，在結束這一卷之前，《愛的藝術》又補充了一點：「女人的脾氣是五花八門，不盡相同的。所以，針對不同的性格，你要採取相應的追求方法。」

這是追求女孩的重要祕訣之一，即追求不同類型的女孩所使用的技巧也不盡相同。例如：

活潑可愛型

這種類型的女孩經常是最先有男朋友的一類，倒不是因為她們好追，而是她們會經常讓自己處於主動位置上。若她喜歡上你，那就會比較容易，只要多多和她接觸，你就有與她攜手共進的機會。如果她不喜歡你，也不要灰心，因為只要你有勇氣爭取，就一定還有機會。你可以和她先以朋友的形式交往，培養共同的愛好。這期間，你的幽默、豁達是很重要的。一般來說，這種女孩有了男朋友後，可能還會有不知情者非常喜歡她，這時候你要趕緊站出來告訴對方：「她已經是我的女朋友了。」以免節外生枝。

浪漫幻想型

若是你真的喜歡上這樣的女孩，先提醒你，你就要嘗盡愛情的酸甜苦辣了！這種女孩似乎對精神的追求多於物質，其實不然。浪漫是需要用金錢來營造的。你若沒有足夠的財力，還是考慮退卻吧。由於她喜歡風花雪月、鮮花和巧克力，你多送禮物最能撥動她的心弦。要想把這種女孩追到手，千萬不要吝嗇，凡是她想要的，又在你的能力範圍之內，你都要毫不猶豫地辦到。找她外出遊玩也要以比較浪漫的方式，比如去郊遊、參加舞會、看愛情電影等，讓她慢慢沉浸在你的溫柔鄉裡，直至再也離不開你的關心照顧，你就大功告成了！總之，對於這樣的女孩，你一定要多多培養讀懂女孩心思的能力，另外，對她的朋友也要多多賄賂，這樣你會得到不少有用的資訊。

敏感型

這種女孩的典型性格是感情外露，想哭就哭，想笑就笑，經常讓人感覺有點荒唐。她會像一匹野馬，你若自覺沒有足夠的能力去駕馭她，就省點力氣吧！若你真的決定要追她，首先要給她留下一個很能幹、自信的印象，並且設法讓她崇拜你。你最好考慮一下顯示自己的專長，並適時地表現出來，讓她不知不覺地對你仰視起來。有了這樣的開頭，你就可以對她展開全面的進攻了。而對她，你也完全不用低聲下氣，最初與她約會時，可以帶上一個不如你的朋友，以利於展示你的出眾，如此，她的心就會慢慢向你靠攏，然後，你再欲擒故縱，她就會自投羅網。

溫柔體貼型

這種女孩是付出型的。追求這樣的女孩首先你要對她關心照顧，並不需要什麼物質，而是需要一種發自內心的關心。當然，在節日送鮮花禮物之類也是你應該做的。

一開始你可以送一些具有友情性質的禮物，等到你覺得可以表達的時候，就可以送玫瑰了。若你不打算這麼鋪張，可以在平時的閒聊裡多流露一些你的心意，等到時機成熟，就突然來一句「和你在一起的感覺真好」之類你想說的話，她若不躲避，你就可以趁熱打鐵，說出那幾個你本想說的字。若你說完之後她躲避，你也千萬不要窮追不捨，可以繼續默默地關心她，一直到她感動為止。

沉默高傲型

這種類型的女孩，乍看之下讓人感覺非常棘手。其實，這種女孩外表冷漠，內心往往非常狂熱，她們一般比較喜歡野一點的男孩，如果你是屬於那種比較文質彬彬的男孩，相貌又不佳，追求成功的可能性就比較小了。如果別人對你的評價是「你好皮哦」，那你就很有希望了。如果你第一次約她時沒有拒絕，那你可一定不要錯失良機了。雖然她一開始可能對你不屑一顧，但你千萬不要氣餒，一定要堅持，請她溜冰、跳舞、登山、看電影等，這些都是獲得她青睞的好計策。總之，一定要多找機會表達自己，對這樣的女孩，你的真切表露對她是很有吸引力的。

《愛的藝術》指點迷津

其實，女孩的類型還有很多種，除了性格不同之外，還有年齡的不同。如果你想追求比你大的女孩，你就一定要注意以下幾點：首先，千萬不要一副小男生的模樣。即使真正成熟的女孩，內心也希望自己被人寵著。其次，不要在她面前表現得人云亦云。最後，「我的心理年齡比你大」會是她很愛聽的話。當然，你也得有實際行動來證明才行。

《愛的藝術．第一卷》

至此，我所說的話就要告一段落了。可是，我還要補充一點，即：女人的脾氣是五花八門，不盡相同的。所以，針對不同的性格，你要採取相應的追求方法。

在同一塊土地上是不能生產出各式各樣的產品的，有的土地適宜種葡萄，有的適宜栽培橄欖，還有的則適宜種植穀物。

人的世界也是如此，有多少種互不相同的身材和面容，就有多少種各自相異的氣質和稟性。凡是聰明伶俐的男人都能隨意迎合女人們千變萬化的脾氣和稟性，都能因時、因地、因人而改變他們的進攻策略和方法，就像普羅透斯（是一位受波塞冬指揮的老海神，能夠變成任何形狀）一樣，時而化作萬里碧波，時而又化作雄獅怒吼；時而變成偉岸參天的大樹，時而又變成鬃毛直豎的野豬。

捕魚的道理也是一樣，有的魚需要用魚叉來扎，有的則需要魚鉤來釣，還有的則需要用魚網來圍。

面對不同的人，總是採用一種方法是不會成功的。你應當依據你的情人的性格來變通你的方法。

啊，我的工作到此該告一段落了，雖然還有更多的任務有待完成。現在，讓我們拋錨停船，稍事休息吧！

第二卷　如何保持愛情

「我在前面向你傳授了怎樣去贏得她的藝術，現在，我還有必要向你講解怎樣去保持住她的藝術。征服一個女人當然是光榮的，可是長久留住一個女人更加光榮。前者有些時候是機遇的功勞，但後者則完全是依靠戀愛的藝術。」

溫柔的情話是愛情的食糧

如果說愛情是人間最美的花朵，那麼熱戀中男女之間的綿綿細語，就是美麗花朵上一串串晶瑩奪目的露珠。它從熱戀男女的心靈深處悄悄流出，浸潤著他們濃烈熾熱的情感，在花前月下，在細雨黃昏，悄悄吐露著愛情的芬芳。

《愛的藝術》說：「溫柔的情話是愛情的食糧。」

《愛的藝術》的第二卷講的是「如何保持愛情」。

「征服一個女人當然是光榮的，可是長久留住一個女人更加光榮。前者有些時候是機遇的功勞，但後者則完全是依靠戀愛的藝術。」

那該如何保持愛情呢？

方法不一而足，《愛的藝術》第二卷的開篇便提出了保持愛情的祕訣之一，即「溫柔的情話是愛情的食糧」。

溫柔的情話的確能保持愛情的溫度，往往一句溫柔而體貼的情話會使她心潮澎湃，激動萬分。所以，盡可能多地用溫柔的情話去打動她吧！以下便是一些能打動她的綿綿情話：

我想在五十年之後，我一定還是像現在一樣愛你！

我不要短暫的溫存，只要你一世的陪伴。

我的貓很調皮，可不可以幫我管牠？

我希望睡前最後看到的是你！

沒什麼特別的事，只想聽聽你的聲音。

我想和你一起慢慢變老！

你是我最初也是最後愛的人。

自從你出現後，我才知道原來有人愛是那麼美好！

我愛你的心直到世界末日也不變！

不管將來發生什麼事，你變成什麼樣子，你依然是我最愛的人。

和你一起總會令我忘記時間的存在。

此刻我很掛念你，請你為我小心照顧自己。

你在我心中永遠是最有氣質、最特別和最有吸引力的。

想想和我一同看日昇日落的喜悅吧！
我願意用一千萬年等待你初春暖陽般的綻顏一笑。
不知什麼時候開始，我已學會依賴你。
因為知道不能沒有你，所以我會更珍惜。
在每一個有你相伴的夜，不再寂寥冷清。
每天……很想你……
人總是會老的，希望到老時，你還在我身邊。
不論天涯海角，只要你需要我，我就會「飛」回你的身邊。
不管今世也好來生也罷，我所要的只有你。
對你，我已經無條件投降了，你就簽下愛情合約吧！
今生如果不能擁有你，我會……好恨自己。
愛你，絕不會限制你。
為你情願不自由。

《愛的藝術》指點迷津

女孩都喜歡浪漫，樂聞甜言蜜語。因此，不管你有多少表達愛的方式，都盡情地向她說出來吧。別忘了「溫柔的情話是愛情的食糧」，情話綿綿最易打動她的心。

《愛的藝術．第二卷》

溫柔的情話是愛情的食糧。

粗野的舉止和苛刻的言辭，只會激起他人的厭惡。我們人類憎惡鷹隼，就是因為牠們終其一生都在惡鬥；我們人類也憎惡豺狼，原因就在於牠們總是欺凌孱弱的綿羊。然而，對於溫柔善良的鴿子，是絕對不會有人設置羅網去殘害的。同樣，對於溫馴的燕子，即使牠在我們新建的塔樓上搭窩築巢，我們也會心情歡暢。

因此，讓諸如吵鬥和尖刻之類的言辭和行為全都見鬼去吧！在接近你的情人時，你一定要用溫柔的撫愛和悅耳的情話，使她一見到你就高興異常。

展示你的幽默

湯瑪斯．卡萊爾說：「你的幽默是你以愉悅表達自己的方式。它表達的是你的真誠、善意和愛心。」幽默給戀愛生活增添了更多的情趣，戀人間的幽默調侃，永遠是一種迷人的誘惑。如果你懂得在戀愛中運用幽默，將會有情人終成眷屬。

《愛的藝術》說：「對你的情人，你必須和和睦睦地和她相處。你要充分利用詼諧、幽默和其他一切能夠激發愛情的方法。」

愛是男女之間的感情交會。男人和女人是這個世界上最奇妙的存在。怪不得夏綠蒂．勃朗特說：「男人是太陽，女人是月亮。太陽和月亮的光糅合在一起，就會組成一個美妙的世界。」在這個世界裡，幽默始終扮演著一個守護神的角色。正如勞倫斯所說：「世俗生活最有價值的就是幽默。作為世俗生活的一部分，愛情生活也需要幽默。過分的激情或過度的嚴肅都是錯誤的，兩者都不能持久。」

對於男人而言，幽默是展示男性魅力的一種必不可少的手段。《愛的藝術》也鼓勵我們充分利用詼諧、幽默去激發愛情。

如果你追求女孩，幽默的方法會助你一臂之力。

有一個男孩住在一家醫院附近，他看中了一位護士，苦於無法接近，於是他想到一個方法。

有一天，男孩雙手抱滿東西，和迎面匆匆而來的一個人撞了個滿懷，東西散落一地。

這個人當然就是那位護士小姐，她對自己的不小心連聲道歉，同時幫他撿起散落的物品。

初次計劃成功後，男孩每天在醫院下班時間在附近徘徊。幾天後，他又遇到了那位心儀已久的女孩，兩人攀談起來，不久成為摯友。

還有一位青年是這樣向他那位在銀行當出納的女友求愛的。

「小姐，我一直有這麼一個想法就是儲蓄，期望能得到利息。如果星期六有空，你能把自己存在電影院裡我旁邊的那個座位上嗎?如果你另有約會，我在星期天，將取出我的利息。不論獲利如何，有你的陪伴是十分愉快的。我想你不會認為這是誹謗吧，以後再來和你核對。我是妳真誠的顧客。」

在這裡，「儲蓄」、「取出」、「獲利」、「核對」、「顧客」，由於處在特殊的語言環境，就都具有雙重意思，而且句句雙關，風趣詼諧，真誠戀情從字裡行間躍然而出，難怪那個女孩抵擋不了這迷人的誘惑。

約會中，幽默的表達方法會顯得情意濃濃。

一對男女在郊外約會。

女孩說：「我倆大概是讓邱比特的箭給射中了。」

男孩說：「射中我沒什麼關係，千萬別射中你。只要我在你身邊，我絕不會讓你受傷。」

女孩說：「……我真的受傷了。」

在與女孩約會時，你若能創造幽默，會使約會更有情調。

在電影院門口。

男孩說：「我們看場電影吧？」

女孩說：「你說看就看，我豈不是很沒面子。」

男孩說：「那就讓我沒面子吧！現在你叫我看電影，我跟你去，好不好！」

除此之外，善於運用幽默，還能解決一些難題。

一對男女在公園划船。

女孩說：「假如我和你媽同時掉進湖裡，你先救誰？」

男孩說：「當然先救我媽。」

女孩說：「難道我在你心裡不重要？」

男孩說：「當然重要，但我知道你會游泳，而我媽不會。如果我先救你，豈不等於小看你的游泳技術。」

女孩說：「算你會說話！」

總之，製造巧合和幽默是戀愛中特殊的藝術，掌握了它們的特點，會使你的談話產生迷人的風趣，會使你的求愛更順利。

幽默，是戀愛生活的守護神。

《愛的藝術》指點迷津

那些在女人面前「吃得開」的男人，不管長相如何，都有一套逗人發笑的本領。只要一與這種人接近，就可以立即感受到一股快樂的氣息，使人喜歡與他為友。一個整天板著面孔不苟言笑的「老古板」，是絕對不會受到女孩子們歡迎的。不少情感心理學研究者認為，男人由於平時比女人話少，所以，男人的語言分量就更被女人所注意。不少男人也正是利用幽默的手段來填補自己語言的匱乏，所以，他的魅力便永駐於人們對他幽默的回味之中。

《愛的藝術．第二卷》

在戀愛的時候一定要謹慎細心，絕對不可使用強硬的言辭去講話，更不可讓你的壞脾氣發作。我記得有一次在我的壞脾氣發作的時候，把我的情人的頭髮弄得亂七八糟。那次發怒使我損失了多少歡樂的日子啊！我不記得曾經撕碎了她的衣衫，而且我絕不相信我曾那麼做過。可是我那個情人卻一口咬定有那麼一回事。唉！迫不得已，我只好賠了她一件新的。朋友們，學得比你們的老師更聰明些吧！不要像他那樣犯錯；然而，假如你們真的步了你們老師的後塵，那就只好等著去承受痛苦的折磨啦！

你可以隨意地向帕提亞人展開戰鬥。但是對你的情人，你必須和和睦睦地去和她相處。你要充分利用詼諧、幽默和其他一切能夠激發愛情的方法。

男人也需要溫柔

男人也需要溫柔。男人的溫柔是一種修養，是一種寬厚，更是一種體貼。溫柔的男人也許不善言詞，但擅長用肢體語言表達，精於細節處理，所以渾身上下散發出一種溫柔的人格魅力。一個眼神、一個微笑或者一個動作，足以融化一座冰山。

《愛的藝術》說：「在女人當中，可曾有哪一位比墨拉尼昂的亞特蘭妲更暴烈難馴的嗎？然而，任憑她如何狂妄自大，最終還是向一位男子充滿柔情的殷勤屈服了。」

在傳統觀念中，男人無法和溫柔聯繫在一起。男人就應該剛強，就應該冷漠無情、板起面孔，而溫柔似乎只屬於女人。

殊不知，在眾多女人的心目中，理想男子的形象並不是神色冷峻、怒目金剛式的男子漢，而是那種既堅強、充滿自信，又和藹可親、優雅自然的男人。許多女人對男人的最大抱怨不是缺乏剛強，而是欠缺溫柔。

《愛的藝術》推崇溫柔，溫柔的男人「情感細膩、氣質溫和」。

在女人的經驗裡，男人最溫柔的時候是在戀愛中，儘管它有些矯情。因為戀愛中的男人為贏得女人的愛，總是儘量表現得和顏悅色，體貼備至。但某些男人的溫柔卻不能持久，一旦走進婚姻的殿堂，大丈夫的「氣概」就會占了上風。

其實，男人的溫柔體貼，既滿足了女人的心願，也使男人自己受益良多，變得輕鬆自在而富有人情味。當男人撇開所謂的剛強和威嚴，表現出另一種風采，對女人特有的小情調不是漠然處之，而是主動地去接受和欣賞時，在女人的心目中，男人肯定就變得可愛起來。如果說溫柔是女人的主旋律，那麼它對男人則是個性的點綴，是透過知識和修養所培育出來的一種美好的情感。

女人的溫柔如鮮花般清香撲鼻，讓人沉醉其中；男人的溫柔如清風細雨，一點一滴，沁人心脾。敏感的女人會充分感受到男人身上散發出的溫柔氣息。男人的溫柔雖不經常流露，卻具有極大的感染力。男人的溫柔有時表現為一句體貼的話語，一個關切的眼神，或是不經意的一個細微的舉動。它猶如春的喜悅、秋的厚重，讓女人為之沉醉。

所以，一個真正的男子漢可以把剛強與溫柔恰如其分地融和在自己的個性之中。男人應該明白：溫柔對於女人有極大的吸引力。

《愛的藝術》指點迷津

男人的溫柔並非是女人的絕對翻版。如果說女人的溫柔是一支小夜曲，淺吟低唱，盡顯女人的嬌羞嫵媚，那麼男人的溫柔則恰如一曲牧歌，在快意的抒發中，讀出的多是男性的綿長。女人的溫柔是風拂細柳的傾訴，男人的溫柔則是蜻蜓點水的畢現。女人的溫柔常是低首回眸的一顰一笑，男人的溫柔多是靜默時的撫摸呵護。女人的溫柔多是水到渠成的真心流露，男人的溫柔往往是歷經坎坷、學會愛戀後的人性頓悟與提升，因而更俠骨柔腸，更動人心旌。

如果你的情人難以服侍，而且對你傲慢無禮的話，你要耐著性子忍受住；不用多久，她便會柔和下來。

《愛的藝術．第二卷》

假如你既小心又輕緩地去拋一根樹枝，樹枝是不會折斷的；然而，假如你用足力氣，猛地一彎，你肯定會將它折斷下來。

同樣，假如你讓自己順著水流，你就可以毫不拖延地渡過河去；然而，要是你想逆潮泗渡，你就會難以達到目的。

人們靠著耐性可以馴服猛虎和雄獅，也可以逐漸使公牛順服於耕田的犁軛。

在女人當中，可曾有哪一個比墨拉尼昂的亞特蘭妲更暴烈難馴的嗎？然而，任憑她如何狂妄自大，最終她還是向一位男子充滿柔情的殷勤屈服了。（亞特蘭妲是伊阿索斯國王的女兒，著名射手，參加過卡呂冬狩獵和阿爾戈號的遠航。她曾拒絕所有向她求婚的少年，聲稱求婚者須與她賽跑，勝利娶她，敗則處死。美少年墨拉尼昂在維納斯的幫助下，贏得了亞特蘭妲的芳心。

創造彼此的「共鳴區域」

人們常說：「女人的心是一個難解的謎、虛幻的夢、無字的書，變幻莫測，難以揣摩。」其實，只要你用心去讀，你就能敲開她的心扉，共同擁有一片晴朗的天空。

《愛的藝術》說：「她責備什麼，你就責備什麼；她喜歡什麼，你就也跟著去喜歡。講她願意講的話；否定她執意要否定的事。她歡笑的時候，你就陪著她歡笑；她悲傷垂淚的時候，你就讓淚水潸然而下。」

與異性交往時應留心兩人的「共鳴區域」，因為許多故事的發生都是始於這個細微的相似之處。

上插花課時，曉川毫不猶豫地選擇坐在自己喜歡的「安靜型女孩」身邊。剛開始時，因為是初次見面，對方又寡言少語，交談始終不慍不火，直到突然發現兩人是老鄉。從那刻起，不僅交談的話題多了，氣氛也熱烈了，雙方變得像是已經認識很久的老朋友。

因為來自同一個「家鄉」，有助於彼此敞開心扉，這在心理學上稱之為「共鳴區域」。彼此有了共鳴區域，會快速地變得親密起來。

製造共鳴區域，可以從籍貫、學校、興趣等「事實關係」中尋找根源；或是從電影和電視劇的感想、自己的志向和夢想等「心理層面」中開創關係。

事實關係的根源在某些場合中確實有效，不過，由心理層面開創的關係，也能讓彼此交往順利。所以，意識到和對方的共同點，就必須迅速加以強調擴大。如果她說：「我最喜歡孫燕姿。」而你只回答「是這樣嗎？」這顯然不夠，如果稍微有點這方面知識的話，可以回答：「是嗎？我也很喜歡她，她的那首《天黑黑》很好聽。」強調彼此共同的興趣，就算真的沒什麼興趣也無所謂，目的是為了和對方打好關係，讓彼此更親密。

對此，《愛的藝術》講得很透徹：「她責備什麼，你就責備什麼；她喜歡什麼，你就也跟著去喜歡。講她願意講的話；否定她執意要否定的事。」

女性喜歡浪漫，往往容易相信緣分。創造兩人所擁有的共鳴區域，正好符合女性的這種心理，由此往往更易打動她的心。

除此之外，創造共鳴區域，也能增進戀愛雙方的感情。

一對情侶這樣對話：「昨晚你看《愛的迫降》了嗎？真是感人！」「嗯，我看了也很感動！你還記得結束前那段情節嗎？」只見女主角一副很陶醉的樣子。

而另一對情侶的對話是：「今天好熱啊！」「沒那回事，挺涼爽的！」聽男友如此說，女主角心裡有點生氣。

一樣是情侶，因話語不同，產生的效果也不相同。其實，不管是誰，自己說的話被否定，心情都不會愉快，為了天氣冷熱而爭吵有什麼意義呢？倒不如配合對方的意思「起舞」得好。配合外在條件很簡單，在心理學上，稱之為「配合腳步」。就好像情侶裝一樣，嘗試和對方穿戴相同或類似的服裝。

接著應該配合的是動作。類似「戀愛指南」的書中也寫道：對方如果先邁出右腳，你也跟著邁出右腳；對方如果伸出右手拿咖啡杯，你也伸出右手；對方如果彎下腰，你也跟著彎腰。

最後應該配合的是情緒。《愛的藝術》說：「她歡笑的時候，你就陪著她歡笑；她悲傷垂淚的時候，你就讓淚水潸然而下。」依照她的情緒來設計你的情緒，往往會使她在感動中芳心暗許。

《愛的藝術》指點迷津

不管是創造「共鳴區域」，還是配合動作或情緒，都不能太過。那樣會給人一種不自然的感覺，不僅不受對方歡迎，甚至可能會招來對方的反感。所以，務必要注意不露痕跡、自然地配合對方。

《愛的藝術．第二卷》

假如你熱戀的人十分固執，那你就讓步，由著她的意願；這樣，最終你一定能夠將她征服。只是，無論她要求你做什麼事情，你務必要做好。

她責備什麼，你就責備什麼；她喜歡什麼，你就也跟著去喜歡。講她願意講的話；否定她執意要否定的事。她歡笑的時候，你就陪著她歡笑；她悲傷垂淚的時候，你就讓淚水潸然而下。總而言之，你要依照她的情緒來設計你自己的情緒。

在她與你對弈的時候，你要故意走不出好招，以使她最後把棋贏下。要是你們擲骰子賭博，為了不使她因為賭輸而氣惱，你要想方設法做出自己一直運氣不濟的模樣，以使她歡心。假如棋盤成了你們二人相互搏殺的戰場，你務必要讓你的玻璃士卒被對方殺得落花流水，潰不成軍。

殷勤地送一些小禮物

查理的《Letter to Philip》中有：「凡事溫柔點，做個心細溫柔的男人。所有正常的女性，天生就會被這樣的男人所感動。」男人要想靠心細溫柔打動女人，殷勤地送一些小禮物正是其最佳的表現之一。

《愛的藝術》說：「我建議你向你的情人殷勤地送一些小禮物，但我並不贊成贈送貴重的禮物。你可以向她送一些不很破費錢財的禮品，只是買的時候要精心挑選，送的時候要恰到時機。」

《愛的藝術》主張殷勤地送一些小禮物給你的女友，因為這是保持愛情的祕訣之一。

殷勤地送一些小禮物，至少具有以下幾點好處：

傳達出愛情的信號

任何一件小禮物都是維持關係的訊號。它可以使你表現出自己的愛意，也使她容易有所感受。

使她感覺自己是獨特而重要的

收到禮物，表示她被特別考慮；禮物不論大小，都會讓她感受到自己的「與眾不同」。顯示「我注意你，我在乎你」，戀愛中的人需要再三地確認與肯定「對方是愛我的」。注意就是確認的依據，禮物則是肯定的表現。

讓她開心

禮物不是日常生活中既定軌道的產物，而是意外的驚喜。因此，收到禮物她會非常開心。禮物若蘊含著你的巧妙構思，則更易使她「心花怒放」。

製造進一步溝通的話題

每次見面該說什麼，常令人頭痛。有了禮物，從禮物談起，多了些話題，更增添了趣味。在我們身邊，便有一個以心思溫柔打動女孩芳心的小夥子。且看他某一週獻的殷勤。

週一，遞出上週有關外籍移工新聞的剪報，因為女方從事外出勞務仲介。

週二，遞三個美麗的芒果，她是台南人，最愛吃芒果。

週三，他到外地出差，順便挑選當地的特產，帶回來和她分享。
週四，買個新文具用品，讓她工作更順心。
週五，挑份好雜誌或好書，讓她週末有空看看。
週六，遞張電影票，約好第二天一起看電影。
週日，把自己最寶貴的時間都送上。
試想，經過一整週的愛情攻勢，週日約會的效果會怎樣呢？
他愛她，用細心溫柔寵她，虧他想得出那麼多不同的小殷勤，讓她覺得他對自己真是一片痴心，是多麼在乎她。她的工作、嗜好、飲食，甚至內心的需求，他都考慮到了，並且採取合適的手段，向她表達他的關切。如此，他又怎麼能不贏得她的芳心呢？

當然，《愛的藝術》還提醒你：「我並不贊成贈送貴重的禮物。你可以向她送一些不很破費錢財的禮品，只是買的時候要精心挑選，送的時候要恰到時機。」禮物並不在於是否貴重，而在於你是否用心。

《愛的藝術》指點迷津

這是一部影片中的故事。失去妻子的總統愛上了環保團體的女說客，他心思溫柔：既然她是維吉尼亞州人，就送她該州的州花和火腿名產；他知道她想跳舞，就不顧眾人的眼光與她跳舞；他還採納女兒的建議，讚美她的鞋子；兩人發生矛盾時，他勇敢地向她道歉。既然全世界最有權勢的男人都少不了殷勤的小動作，我們又怎麼能不多用些心，多表現些熱情呢？

《愛的藝術．第二卷》

我建議你向你的情人殷勤地送一些小禮物，但我並不贊成贈送貴重的禮物。你可以向她送一些不是很破費的禮品，只是買的時候要精心挑選，送的時候要恰到時機。

當田野展示出它的豐富產品時，當纍纍的果實壓彎樹枝時，你就把滿籃子的水果送上門去。儘管這些水果是你在羅馬城裡購買的，但你可以告訴她是從你的鄉下農莊裡採摘的。

你可以送給她葡萄，也可以送給她愛瑪麗麗絲（維吉爾的田園詩中所歌詠的一位牧羊女子）所喜愛的栗子，儘管今天的愛瑪麗麗絲們對栗子不太感興趣了。另外，送她一隻畫眉或一隻鴿子，也可以向她表明你無時無刻不在思念著她。

對她的欣賞要及時表達

女人天生愛美，她們的幸福在於被欣賞的眩暈中。聰明的男人，懂得欣賞女人，善於發現女人的美。

《愛的藝術》說：「要想維繫住你的情人的愛情，你必須使她相信她的美貌搞得你神魂顛倒。假如她披著一件紫紅色的禮服，你就對她盛讚世上最美的色彩莫過於紫紅色……」

《愛的藝術》告訴你，愛一個人，要懂得欣賞對方，將你的欣賞表達出來，讓你的戀人知道。

真誠的欣賞不僅能增進心靈的溝通，還能增強戀人的信心，使她得到一種心理上的自我滿足，從而創造一種和諧、美滿的氛圍。

其實，人人都喜歡被欣賞的感覺，女性在這方面表現得更為突出，因為她們從人們的讚美和恭維中得到被認同的快感。懂得女性的心理，你就可以以此來獲得你鍾愛的姑娘的青睞。你的女友為了你在鏡子前化妝半天，為了你每一次約會都換一身新裝，那麼，你見到她難道不應該讚美幾句嗎？

女人希望被人欣賞，女人也喜歡被人欣賞。《愛的藝術》指出，儘量讚美她吧，無論是她的容貌、髮式，還是衣著、舞姿，請你對她說，她是你見過的最完美的女性，即使她明知你在恭維她，她心裡也會很高興的。

對女性來說，如果有人能及時發現她身上的微小變化，她就會有一種被認同的滿足感。女孩常常對男友不滿，其中最常見到的是，當她從美髮沙龍出來，梳著一個新髮型，或新買了一件漂亮的衣服，興致勃勃地等待男友讚美的時候，她的男友卻好像視而不見的樣子。這時，她要麼生氣地說：「喂，你到底發現沒有，我是不是哪裡跟以前不大一樣了？」要麼跟你生悶氣，搞得你不知究竟在哪裡得罪了她。

女人喜歡追求時髦，愛美是她們的天性。如果女友今天換了髮型或服飾，你稱讚她幾句，她肯定會十分開心。她認為你時刻把她掛在心上，時刻注視著她，她感到滿足了，而不會突然「狂風大作」，或獨自生悶氣了。細心的男人根本不用她提醒，就會發覺女友身上的微小變化，及時地讚美，這樣，你們之間的感情就能更融洽。

男女在贈送和接受禮品方面是有細微差別的。女人把禮物的價值看得比實際的價值更大，並樂意接受禮物。她首先把禮物看作是尊重的表示，或是心意的表達。因此，女人既喜歡別人給她送小禮物，也喜歡給別人以小恩小惠。她送給男友一件小禮物，首先把這看作是她的一片心意，如果其男友不把她送的小東西當回事，她一定會失望。所以，聰明的男人在接受女友的禮品時，一定不要忘了給她一個深情的吻。

女人喜歡被恭維和讚美，戀愛中的女人尤其喜歡聽甜言蜜語。一句恭維和讚美的話語，勝過一件貴重的禮物。懂得女性的這種特性，你不妨經常讚美你所愛的女孩。她穿了一身新裝，雖然你心想，「她的膚色較黑，穿這件衣服不合適」，你還是要誇獎說：「喲，這件衣服跟你健康的膚色很配。」

當女友換了髮型，即使不怎麼適合她的臉型，你也得說幾句讚美的話。

當你從國外旅遊回來，帶給女友一份禮物，是一枚胸針，女友喜歡極了。這時，你再加一句：「你戴上這枚胸針，配那件紫色上衣，一定會更美。」即使那是一個廉價的胸針，也會因為這句話而討得女友的歡心。

《愛的藝術》指點迷津

古人云：「女為悅己者容。」女人動人的嬌豔，得體的穿著，精緻的修飾，優雅的舉止……都是值得你去讚美和恭維的。向你的女友及時表達你的欣賞，會使她沉浸在快樂之中，而你也會體會到獲得愛情的喜悅！

《愛的藝術．第二卷》

要想維繫住你的情人的愛情，你必須使她相信她的美貌搞得你神魂顛倒。

假如她披著一件紫紅色的禮服，你就對她盛讚世上最美的色彩莫過於紫紅色。假如她穿的是用呢絨裁製的長衫，你就告訴她什麼衣服也比不上這件長衫更加使她光豔照人。

她戴著光燦燦的金飾嗎？你就告訴她，在你的心目中，金飾固然很美，但終究比不上她的姿韻令人銷魂。

在冬日，她若披著禦寒的裘裝，你就竭力稱頌她的裘衣是多麼地雍容華貴；她要是僅穿著一件薄衫，你便告訴她你正為她那迷人的身姿而燃燒，同時又要關切地請她當心身體，不要感冒。

她前額上的頭髮很美地分開著嗎？那麼，你就說你最喜歡的便是這種髮式。她要是把頭髮燙得像絨毛一樣捲曲呢？你就對她說：「啊，我真是太喜歡你的捲髮啦！」

在她跳舞的時候，你要讚美她的玉臂；在她唱歌的時候，你要稱頌她的歌喉；而當她停止跳舞或唱歌時，你要告訴她這麼快就結束了，真令你惋惜。

在擒與縱之間進行愛情演習

《三十六計》中有「欲擒故縱」之計，意思是為了抓住敵人，事先要放縱敵人。這是一種放長線釣大魚的計謀。「欲擒故縱」之計運用於愛情之中，同樣能獲得絕妙的效果。

《愛的藝術》說：「當你確信她十分想念你的時候，你要暫時不去理會她，讓她獨自一人去思念。你遲遲不出現可以讓她產生一些牽掛和顧慮。」

關於如何保持愛情，《愛的藝術》為我們指出了一個絕妙的方法——「欲擒故縱」。《愛的藝術》又舉例證明了這一方法的可行性：「當得俄菲翁滯留在費利斯的身旁時，費利斯對他的愛情並不熾熱。可是一旦他航海而去後，費利斯的情火便猛燒起來，甚至為此而走向毀滅。足智多謀的奧德修斯曾以別離的方法讓佩涅羅珀遭受折磨。而拉俄達彌亞，她為喚回普羅忒西拉奧斯，難道不是痛苦得淚流滿面嗎？」

「欲擒故縱」的方法真的這麼有效嗎？的確如此，原因大致有以下幾點：

事物的慣性

被追求者本處於對方電話頻頻、殷勤不斷的攻勢中，不論喜不喜歡，日子一久，便形成思維的、行為的慣性。慣性一旦打破，會給人帶來明顯的不適感與空虛感。

心態的改變

在愛情海中游弋，被追求者是被對方托在空中的，而追求者自己卻因為舉重而跌入浪谷。在高處的一方，一種高傲，一種飄然油然而生，看對方的眼光也總是俯視的。而追求者一旦暫停追求，不再「捧」著對方，被追求者便也跌入了浪中，與追求者處在同一地位，這種由高到低的改變，帶來被追求者心態的改變：優越感消失；開始用平等的目光看待對方，並開始感知對方的許多優點。

反抗心理

在對方的頻頻追求中，被追求者最易滋生反抗心理：「我一定很有魅力，不然他怎麼追得這麼急呢？」「哼，你越急，我越不理你！」當對方不急了，被追求者往往倒可能著急了。

重新審視

大多數女人，在愛情中的價值，都必須透過異性的追求來得到肯定。追求者眾多的，自我感覺會特別好，她對自我價值的認定是膨脹的，超過實際值。當對方的追求暫停，突然出現的空檔打擊了她的自信，她會在此時此刻冷靜地審視自己，也冷靜地審視對方，這種心態，較有利於與追求者產生親密感。

對於「欲擒故縱」的方法，《愛的藝術》中還有一個有趣的比喻：「那休耕過的農田播種起來就會越加豐收，而乾燥的土地吸收起天上的雨水來就會更加貪婪。」

當然，凡事過猶不及，使用「欲擒故縱」的方法也需要講求分寸尺度。正如《愛的藝術》所說：「為了穩妥可靠，你別離的時間千萬不要太長，因為時間是會削弱思念之苦的。長時間看不見某個事物，這個事物就會從你的心中消失。同樣，長久看不見的戀人容易被他的情人給遺忘，而他的位置就會被別人所取代。」

《愛的藝術》指點迷津

使用「欲擒故縱」的方法，前提在於你已經獲得了她的好感與認同，否則，即使你使盡渾身解數，她也不會為之動心，因為你本來就可有可無，可能你的消失正是她求之不得的呢？

《愛的藝術・第二卷》

當你確信她十分想念你的時候，你要暫時不去理會她，讓她獨自一人去思念。你遲遲不出現可以讓她產生一些牽掛和顧慮。

你應該讓她有瞬息時間去休息；那休耕過的農田播種起來就會越加豐收，而乾燥的土地吸收起天上的雨水來就會更加貪婪。

然而，為了穩妥可靠，你別離的時間千萬不要太長，因為時間是會削弱思念之苦的。長時間看不見某個事物，這個事物就會從你的心中消失。同樣，長久看不見的戀人容易被他的情人給遺忘，而他的位置就會被別人所取代。

用浪漫打動她的心

俗話說：「男人不壞，女人不愛。」女人之所以愛「壞男人」，是因為他懂得浪漫。女人喜歡浪漫，男人的浪漫永遠是征服女人最有效的殺手鐧。

《愛的藝術》說：「要想使你的愛情牢固長久，你就必須學會浪漫。」浪漫，通常都認為是女人的專利，男人如果提起浪漫兩字，人們則多以花心來論之。其實，女人的浪漫是一種美麗，而男人的浪漫何嘗不也是一種風采。

事實上，可以說花心的男人浪漫，卻不能說浪漫的男人花心。因為，浪漫並不是放蕩和濫情，浪漫是發自內心的自然行為，是人生的「調味劑」，是熱愛生活的那種美好的感覺。不管你是否年輕，只要你懂得浪漫，單調的生活就會變得豐富多彩，乏味的日子也會充滿激情。

女人喜歡浪漫，她們希望自己的另一半也能羅曼蒂克些。因此，要打動她的心，你為什麼就不能浪漫一些呢？

以下的浪漫構想，供你用來給你所愛的女人留下良好的印象，使她幸福和動情。雖然有些構想在你看來可能毫無浪漫可言，但她一定會覺得它很浪漫。因為，你不會為其他人做這些事情，你這麼做只是為了她。《愛的藝術》說：「這就是愛她的證明！」

忙裡偷閒，說句「我愛你」：從辦公室打一通「我愛你」的電話。打電話告訴她，你正在想她，她對你多麼重要；甚至，你只是想對她說一句「我愛你！」

去超市買些特別的東西：到超市買些她愛看的雜誌、愛吃的糖果和鮮花。回家把禮物送給她，並告訴她，她理應享有無數的禮物，因為她是那麼特別，你要她輕鬆一個晚上，讓她躺在床上吃糖，看雜誌，並替她把花插在床畔。

在耳邊說悄悄話：親親她的臉頰，告訴她你喜歡她的髮香，耳邊的這些情話會讓她甜蜜異常。

讓她休息：週末晚上可以給她一個驚喜，在她枕上放一朵玫瑰和一張短箋：「請你明天愛睡多晚，就睡多晚，因為這是你應得的！愛你的我會負責所有事情。」

新娘抱進門：下次你們一塊兒回到家時，把她攔腰抱起，抱她進門。當她咯咯嬌笑，問你想幹什麼，告訴她，你要抱你心愛的新娘進門，結婚以來你一天比一天更愛她。叫她的暱稱：給她起一個親密的暱稱，只有你才這樣叫她。

藏一份禮物：買一件性感睡衣，包成很小的一包，藏在能令她意外的地方。

休一天假：為她休一天假，是你愛她最好的證明。告訴她，你這一天任憑她差遣，為她做零工，陪她聊天散步，或一塊兒去購物。

公開表示親密：一起出現於公共場合時，握住她的手，吻她一下，用手臂摟住她的肩膀。讓全世界都知道，你樂於與她為伴。

常給她寫一些字條：不必洋洋灑灑，只須寫上一些簡短、情意綿綿的話。

月光下散步：兩人手挽著手散步，向星星許願，給她一個又深又長的熱吻。

讚美她：下次有別的夫婦在場時，當著他們的面稱讚自己的妻子。她或許會不好意思，但心中一定會竊喜。記住，在別人面前讚美一個人，效果是私下稱讚的三倍。

計劃去野餐：計劃一次老式的野餐郊遊。買些美酒、鮮花和可口食物。找個隱祕的地點，享受溫暖的陽光。帶一本詩集，也別忘了毯子！你也可以買個風箏，重溫童年樂趣。

在床上用早餐：把早餐送到她床上。

抱抱她：在她做家務時，從背後抱抱她。

買個音樂盒：買個會奏出浪漫曲調的音樂盒送給她。上緊發條，給她一個吻，告訴她，每當她聽這首音樂，你都希望她想到你是多麼愛她。

讓她放鬆：買她最喜愛的作家的新書給她。在晚餐時交給她，叫她在沙發上輕鬆一下，你來負責收拾。

按按門鈴：買一束長莖玫瑰，不要像往日那樣滿身疲憊地走進屋子，改按門鈴。

寵愛她：給她一個受寵的日子，安排她去修指甲、做臉、髮型設計，最終的高潮是你們兩人共進晚餐。

意外驚喜：她生日那天，你毫無表情地坐在沙發上看報紙，她惱怒地打開冰箱，準備做晚飯，卻看見了一束玫瑰和一個寫著「我愛你」的大蛋糕。

《愛的藝術》指點迷津

說到浪漫，腦海裡會馬上浮現出這樣幾個詞語：玫瑰、燭光晚餐、情書、甜言蜜語。送她一束玫瑰，並對她說：「我愛你！」很少有女人能抵擋住這樣的攻勢；在特殊的日子裡，與她共享燭光晚餐，她會記住一輩子；情書是愛情的「催化劑」，只要情真意切，她就能明白你的濃濃情意……

《愛的藝術．第二卷》

要想使你的愛情牢固長久，你就必須學會浪漫。

如果平時你總是從一條途徑去會你的情人，如果你總是打開她的房門走進去。那麼今天，你可以爬上房頂，順著煙囪或天窗溜進去。你的情人要是知道你為了她所冒的危險，她一定會高興不已！因為，這就是愛她的證明啊！

勒安得耳本來是可以不用那麼經常地與他的情人相會的，但是他為了向情人證明他的勇氣，便常常在夜裡乘風破浪橫渡海峽。（勒安得耳是一個美少年，愛上了阿芙蘿黛蒂的女祭司赫洛。赫洛允許他在夜裡到她那兒，清晨回去。有一天，風浪很大，他依然游泳去與她相會，結果海浪淹沒了他。）

關心和體貼她

女人需要關心和體貼。你那深秋裡的一條圍巾，你那病床邊無微不至的關懷，你那約會時的一件上衣……無不凝聚著無限的愛。

《愛的藝術》說：「在秋天將要來臨的時節，大地通常會展露她所有的風采和魅力。那時，熟透的葡萄裡飽漲著紫紅色的甜汁兒。人們會時而感到一陣透骨的新寒，時而感到一股炙膚的炎熱。這種天氣的變化無常極易把人們搞得既倦怠又鬱悶。那時，你要衷心祝願你的情人身體健康。」

生活中，男人與女人交往時，常常顯得粗枝大葉，不會用心去照顧對方。相反，女人則以自己的細心關心著他們。其實，女人更需要細膩入微的體貼，因為無論在心理上還是生理上，她們都是「弱小」的，來自男性的體貼和照顧會讓她們覺得幸福，從而為這個世界增添更多的嫵媚。

在《愛的藝術》看來，如果你能從一些小事做起，用心去體貼和照顧她，那麼無疑會增添你作為男性的魅力。比如說：

一定要記得經常對她說：「我愛你！」不管已經說過多少次，不管是她第幾次問你：「你愛我嗎？」你都應該肯定地回答她。

在你的朋友和她的朋友面前不要總擺出一副大男人的樣子。她願意照顧你，是因為她愛你、疼你，但並不表示她願意被當作傭人或附庸。

時刻想著關心和照顧她。她生病的時候，你要毫不猶豫、不厭其煩地照顧她；一起吃飯時，點她愛吃的菜；一起散步時，永遠走在靠馬路的一側；一起進屋時，搶先一步為她開門……

你答應她的事情再小也要做到。女人都希望有個堅強的肩膀依靠，想告訴你她的一切，但如果你連小事都做不好，她怎麼去依賴你？當她說一些你不認可的事情時，也不要去指責她，否則她怎麼會信任你把心裡話都告訴你？

不要總在你們相處的時候打遊戲或者上網。當你玩得不亦樂乎的時候，她也許已經覺得被冷落，而你卻只注意著你的手機。

女人總有幾天是經期，那時候是不能用理智控制的。不管她怎麼歇斯底里、不講道理、喜怒無常，你都要哄著她包容她，絕不要表現出不快或不耐煩。

不要總在她面前稱讚其他女人，或者說她為什麼不能這樣或那樣！女人希望你愛的就是她現在的樣子，希望自己在你心中是最美、最重要、最愛的人。

女人再怎麼賢惠，骨子裡都是一個孩子。不要總希望她時刻為你著想，時刻以你為中心。她也希望可以像孩子一樣任性，希望你像寵孩子一樣寵她，而不是像孩子一樣向她索取關愛和寬容。

做錯了事情、傷害了她要承認，並且以行動向她賠不是。偶爾放下所謂男人的面子，卻能溫暖她受傷的心。不要說了要改下次還是犯，她可以原諒你偶爾的錯誤，但不能容忍你一錯再錯。

在她脆弱的時候、心情不好的時候呵護她，在她慌亂無助的時候支持她指引她。愛健康自信的她，也愛疾病無助的她，而不是只要求她把最好的一面給你。沒有人是完美的，分享她的缺點、包容她，而不是指責，更不要在她最需要你的時候默不關心。

總之，你要關心她，像她關心你一樣；重視她，像她重視你一樣；愛她，像她愛你一樣。在要求和挑剔她之前，先問問自己做得怎麼樣。不只是被愛和索取，而是平等地相互體諒、相互關懷，將你的心和她的心緊緊連在一起。

《愛的藝術》指點迷津

女人很脆弱，需要男人溫暖的懷抱、男人不應該對心愛的女人吝嗇自己的體貼：上班下班不妨給女人一個擁抱、一個輕吻；寒風凜冽的冬天，男人不妨先到床上暖暖被窩，讓女人可以溫暖地依偎；出門在外、出差回來，順便帶上點小禮物，給女人一個驚喜；面對越來越多的應酬，儘量推掉一些，陪女人吃頓家常飯……浪漫和激情其實很簡單，就看自己是否有心。

《愛的藝術．第二卷》

在秋天將要來臨的時節，大地通常會展露她所有的風采和魅力。那時，熟透的葡萄裡飽漲著紫紅色的甜汁兒。人們會時而感到一陣透骨的新寒，時而感到一股炙膚的炎熱。這種天氣的變化無常極易把人們搞得既倦怠又鬱悶。那時，你要衷心祝願你的情人身體健康。

但是，假如有些微恙使得她臥床不起，假如乖戾無常的時令搞得她病魔纏身，那麼這正是你顯示自己多麼關心她、愛戀她的機會，正是你撒下良種以求日後收穫的機會。你要毫不猶豫、不厭其煩地照顧她。無論什麼事情，只要她願意接受，你都要非常愉快地去為她做到。

巧妙度過「吵架」關

俗話說：「勺子沒有不碰鍋沿的。」兩人共處的時間長了，難免會遇到不快的事，於是「戰鬥」爆發了。不過，我們也看到不少夫妻越吵越親密，這又是為什麼呢？這是因為他們懂得並掌握了「戰鬥」的藝術，因而巧妙地度過了「吵架」這一關。

《愛的藝術》說：「女人疏遠丈夫，丈夫離開妻子，常常都是由於爭吵而發生的。他們還自以為這樣做乃是以其人之道還治其人之身，是合情合理的呢。但還是讓這種行為離遠一些吧！」

生活中，許多夫妻感情的破裂，都是由爭吵引起的。

從某種程度上而言，爭吵雖然可以增進彼此的了解，但肯定會傷害感情，弊大於利。因此，最好還是不要爭吵，如實在避免不了，就應該掌握一些「吵架」的藝術。

允許對方偶爾生氣

如果你認為彼此間愛慕的一對夫妻也不免會有嫉妒、煩惱和生氣的事情發生的話，那麼當這些情緒來臨時，你就不會驚慌失措，因為這並不意味著她已經「沒有感情」了。也許你的配偶是因為上司的緣故而情緒低落，所以沒有向你表示纏綿之情，但是，即使這暫時的不快不是你的過錯，你也應該問：「親愛的，我做了什麼事惹你生氣了？」如果回答是否定的，你就再問：「那麼，我能為你分憂嗎？」如果對方不需要，你就不必打擾。要知道，這些問候是你能給予她的最好安慰。

以冷對熱

冷，就是冷處理；熱，就是頭腦發熱。一時衝動，以冷對熱的關鍵，就是你吵我不聽。在一方情緒激動、控制不住自己的時候，任她發火，任她暴跳如雷，不去理睬她。「一個碗不響，兩個碗叮噹」，一個人吵，就吵不起來，等她情緒平和以後，再和她慢慢說理。

說話要有分寸

如果對方實在不像話，有必要頂上幾句，於是難免發生爭吵。但是即使爭吵，說話也要有分寸，不能說絕情話，不能譏笑對方的某些缺陷或揭對方的「傷疤」，更不能在一時氣憤之下，破口大罵，不計後果。比如有的人吵架時言語不留餘地：「你是不是問得太多了？」「我要你怎麼做就怎麼做！」等，這類話咄咄逼人，很容易引發更大的衝突。「利刀割體瘡難合，惡語傷人恨不消」，如果說了絕情話，關係就很難平復了。

以「我」開頭

如果一方想表達自己某種強烈的願望，就直說「我想……」，比如丈夫責怪妻子好久沒有休假與自己共度週末了，就不妨直說：「我想這個週末能與你一起度過。」而不要說：「看人家小王，每個星期都與太太在一起，而你呢？」這樣，簡單的事情往往就複雜化了。

輪流發言

如若雙方都能克制一點，讓對方把話說完，不要搶白，那麼大多數情況下，爭吵就不會白熱化，也就容易和解了。

就事論事

為了哪件事吵，談清這件事就行了，不要上綱上線，也不要無限擴大。不要隨便給對方扣什麼「自私」、「品質惡劣」、「卑鄙無恥」等帽子，否則，就把事情搞得太嚴重了。另外，對事情切忌擴大化，如果從這件事又提及以前的某件事，從對配偶的不滿又拉扯到他的父母兄弟姐妹身上去，就會把事情搞得越來越複雜。

絕不動手

「君子動口不動手」，就是說不論爭吵時情緒多麼激動，一不能摔東西，二不能動手打人。有的夫妻在爭吵時，為表示憤怒，常常把鍋碗瓢盆摔得稀里嘩啦，這是很愚蠢的。物品何辜?摔壞了以後還要花錢買，何必呢?至於打人就更不應該了，這不僅為法律所不允許，而且會使「戰爭」馬上「升級」，弄得不可收拾。這是千萬要牢記的，否則後果不堪設想。

不可離家出走

夫妻雙方在激烈爭吵後，千萬不要一走了之。一位女士說得好：「我告訴你，我被氣瘋了，但我什麼地方也不會去。因為夫妻吵架並不意味著婚姻將會破裂，我還是你的妻子，你還是我的丈夫，為什麼我要離開自己的家呢？」

二十四小時內結束戰鬥

不少夫妻在爭吵過程中總有一種心理，就是都要以自己「有理」來壓服對方，結果誰也不服誰，反而越說越有氣。其實，夫妻之間的爭吵，一般沒有什麼原則問題，許多是是非非糾纏在一起，也不易分清，特別是在頭腦發熱、情緒激動時更不易講清。如果爭吵到了一定時候和一定程度，發現這樣下去還不能解決問題，那麼有一方就要及時剎車，並提示對方可以休戰了。這並不是屈服、投降，而是表示冷靜、理智。比如可以用幽默打破僵局，或者乾脆嚴肅地說：「我們暫停吧！這麼吵下去也解決不了問題，大家冷靜點，以後再說。」之後，任憑對方再說什麼，也不再搭腔。

「外交關係」不斷

許多夫妻爭吵以後心中十分不快，互不理睬，中斷了「外交關係」。但是雙方還是生活在一起，這是十分彆扭的，同時也進一步傷了感情。對這種情況，很多夫妻過兩天就會感到後悔，想打破僵局，恢復「外交關係」，但又難於主動開口，這就是「作繭自縛」了。因此，不論爭吵多麼激烈，在「停火」以後，照常說話，夫妻還是夫妻，該怎麼過就怎麼過，這才是正常的。

《愛的藝術》指點迷津

有人說：「世上沒有不吵架的夫妻。」假如此話成立，最好不要吵，實在避免不了，也應「約法三章」：三不許——不許打人罵人，不許摔東西，不許離家出走；三不得——不得翻舊帳，不得揭傷痕，不得提「滾」、「離婚」等帶刺激性的字眼；不要——不要「老婆是人家的好」，不要動輒說「我們沒有共同語言」，不要挑對方的毛病，不要與家庭外的人員「結盟」，不要「哪壺不開提哪壺」……

《愛的藝術·第二卷》

女人疏遠丈夫，丈夫離開妻子，常常都是由於爭吵而發生的。他們還自以為這樣做乃是以其人之道還治其人之身，是合情合理的呢。但還是讓這種行為離遠一些吧！

爭吵是已婚男女雙方互相饋贈的嫁妝。可是對於情人，你卻只能讓她聽到悅耳中聽的話語。

千萬別做她不喜歡的男人

我們常常能從一個女人討厭什麼樣的男人看出，這個女人喜歡什麼樣的男人。因此，要想獲得她的芳心、使愛情牢固長久，極其重要的一點是：千萬別做她不喜歡的男人。

《愛的藝術》說：「如果你對引起她反感的行為渾然不覺，你就永遠不可能有機會向她證明你是一個多好的男人。」

換言之，《愛的藝術》是告訴你：要想使你的愛情牢固長久，你就千萬別做她不喜歡的男人。生活中，女人不喜歡的男人，大致有以下幾種：

吹毛求疵的男人

這樣的男人擅長「雞蛋裡挑骨頭」，經常挑剔戀人或妻子的毛病，哪怕是一些微不足道的地方。與這種男人在一起，絲毫感覺不到溫柔、體貼，只有無窮無盡的指責，而且易讓女人失去自信。女人需要的是一個懂得欣賞自己的男人。

《愛的藝術》告誡吹毛求疵的男人：「對你的情人，你尤其不要向她指出她的缺陷。有許許多多的戀人真該為他們對自己情人的缺陷保持有益的緘默而慶幸。那位腳上帶著翅膀的英雄柏修斯，從來沒有對安朵美達的黝黑的皮膚吹毛求疵過。」

優柔寡斷的男人

沒有女人會喜歡做事拖泥帶水的男人。如果她問他，下個星期天要不要一起去看電影，拖泥帶水先生會說：「看看吧！」或「也許吧！」如果她問他，想去哪家餐廳或想吃什麼菜，他會回答：「無所謂！」或「隨便！」如果她問他想去什麼地方度假，他總是說：「你決定吧。」

優柔寡斷的男人總是把決定權交給對方，缺乏做事果斷的性格，這樣的男人往往缺乏承擔責任的勇氣，讓女人沒有安全感。

大權獨攬的男人

與優柔寡斷的男人相對的另一個極端是大權獨攬的男人。這樣男人認為一切決定的大權應該掌握在自己手裡，他們會自豪地以陽剛自詡。但是，一個兼具剛毅美德與民主作風、願意接受妻子意見的男人，跟一個暴君是截然不同的。

《愛的藝術》建議大權獨攬的男人，在說出自己的想法或決定什麼事情時，應該永遠附帶一句：「你覺得怎麼樣？」他必須願意偶爾改變他原來的計劃。

志大才疏的男人

這種男人志向很高，但往往只有良好的動機，卻沒有行動。有了一點成績，就沾沾自喜，到處吹噓。

志大才疏的男人，從本質上說，缺少穩重。女人需要的男人應該是穩重的山，而不是流動的水、飄浮的雲。

妒忌心重的男人

有些男人認為，妒忌足以證明自己的愛。事實上，它只證明自己有不安全感，而缺乏安全感的男人對女人是沒什麼吸引力的。愛情中有妒忌的成分很自然。每個男人都希望能確定，他的妻子不會發現比他更理想的男人，或遇到比他更有趣、更刺激的人或活動。

然而，過分的妒忌早晚會毀掉美好的愛情。因為心胸狹窄、把女人視為自己占有物的男人，不懂得尊重女性的人格，只會粗暴地干涉戀人或妻子的言行。這樣的男人為女人所痛恨。

不停抱怨的男人

對一個女人而言，整天和一個抱怨不停的男人共同生活，實在是令人沮喪。法國著名作家里昂說：「我希望你不要花那麼多時間，為自己無法控制的事情怨天尤人，應當集中精力，掌握自己的人生。」

其實，雖然我們無法改變每天都會遇到的一些煩人的小事，但我們可以改變自己對這些事的看法，而且我們絕對可以控制自己對這些事的反應。我們也可以改善自己的生活品質，只要用積極的態度看待我們生活中的一切，就會發現，需要抱怨的其實並不多。

過分緘默的男人

男人在生活中過分緘默，妻子常常會抱怨：「我的丈夫從來不和我交談。我不說話，這房間裡好像就沒有人存在。」

女人在性格上害怕孤寂，這種性格內向的男人由於缺少和妻子的思想交流，容易失去對妻子的吸引力。

以自我為中心的男人

女人經常受不了自以為了不起的男人。這種男人開口閉口談的只有自己，他們可以花好幾個小時談自己一天的生活、自己的目標、自己的成就，對女伴的一切卻從來不聞不問。

當一個男人把自我和事業，擺在比最愛的女人更重要的位置上，他無疑自動地發出一個訊息：「你不重要，只有我才重要。」任何女人都希望被當做貴賓看待，而不是一個可有可無的人。

除此之外，喜歡酗酒、賭博的男人，貪圖享樂的男人，過分吝嗇的男人，舉止輕浮的男人，易暴易怒的男人，都為女人所不滿。

《愛的藝術》指點迷津

女人喜歡的男人應該是怎麼樣的呢？比較求全的說，應該是：寬宏大度而不缺少機智，幽默風趣而不舉止輕浮，善於言辭而不誇誇其談，思想深沉而不沉默寡言，熱愛工作而不缺少對女性的溫存，富於幻想而腳踏實地，懂得生活而不揮霍浪費。總之，女人是水，她們希望男人是山，不僅形體上應有魁梧的體魄，更重要的是精神上有壓不垮的氣概，他們堅毅、剛強、敏銳、敦厚、雄心勃勃，渾身散發出男子漢的特有風采。

《愛的藝術・第二卷》

如果你對引起她反感的行為渾然不覺，你就永遠不可能有機會向她證明你是一個多好的男人。

對你的情人，你尤其不要向她指出她的缺陷。有許許多多的戀人真該為他們對自己情人的缺陷保持有益的緘默而慶幸！那位腳上帶著翅膀的英雄柏修斯，從來沒有對安朵美達的黝黑的皮膚吹毛求疵過。按照一般人的看法，安德洛瑪刻的身材真是太高了；但是，有一個人認為，她的身材恰好是修長合度的，這個人就是赫克托耳。對你不喜歡的事物，應當努力去習慣它；只有這樣，你才能夠忍受它。習慣的好處在於它可以使許多無法忍受的事物變得容易忍受。

不要向女人詢問她的年齡，更不要詢問她的出身情況。把這些討厭的問題留給監察官們去問吧！尤其是當一個女人已經度過青春的花季，生命中的全盛時期也已結束，如今唯有靠拔除灰白的頭髮來挽留往日美好的時光的時候，更不應該去問她這些討厭的問題。

第三卷　愛情的良方

「迦太基的女王蒂朵啊，你的賓客由於過分篤信神意，便逃走了，而給你留下的只是一把致你於死地的亡命劍。不幸的女人啊，我願意把導致這些悲慘故事的原因向你們揭示：那就是你們不懂得愛的藝術。你們所欠缺的就是愛的藝術，而愛的藝術是可以使愛情地久天長的。」

不同季節的魅力著裝

服飾巧妙的搭配是女性流動的風景線。春天它能使你成為歡快明亮的女神；夏天它能使你成為熱情奔放的情人；秋天它能使你成為成熟穩重的貴婦；冬天它能使你成為冷豔絕世的美人……萬種風情盡顯其間。

《愛的藝術》說：「聰明的女人啊！根據不同的季節選擇不同的裝扮，會使你更加多姿多采。」

《愛的藝術》的第三卷是女性的課堂，指導女性如何贏得男人的心，如何使愛情長久。

《愛的藝術》從女性的衣著打扮談起。《愛的藝術》說：「細心栽培可以使葡萄多產，精耕細作可以使莊稼豐收。漂亮的容貌是天賜的禮物，但是擁有這種禮物並為之自豪的女人卻寥寥無幾。為數眾多的女人都是與此天生的美貌無緣的。然而，精心打扮可以彌補這種不足，可以使你美麗動人。一張漂亮的臉蛋，即使可以與維納斯女神相媲美，然而如果不加修飾，也會喪失它的全部光彩。」

接著，《愛的藝術》便具體地介紹了女性的魅力著裝。

首先，不同的膚色應選擇不同的顏色。

白皙皮膚

白皙皮膚的特質在於面頰經太陽一晒便容易發紅，擁有這類皮膚的是幸運兒，因為大部分顏色的搭配都能令白皙的皮膚更亮麗動人。《愛的藝術》說：「黑色和皮膚白皙的女子相匹配。」除此之外，黃色系如淡橙紅、檸檬黃與藍色系如天藍等明亮色彩，最能突出潔白的皮膚，令整體顯得明豔照人。

深褐色皮膚

皮膚色調較深的人適合一些茶褐色系，令你看來更有個性。墨綠、棗紅、咖啡色、金黃色都會使你看起來自然高雅，相反藍色系則與你格格不入，最好別穿藍色系的上衣。

淡黃或偏黃皮膚

皮膚偏黃的宜穿藍色調服裝，例如酒紅、淡紫、紫藍等色彩，能令面容更白皙，但強烈的黃色系如褐色、橘紅等最好不穿，以免令面色顯得更加暗黃無光彩。

健康小麥色

擁有這種肌膚色調的給人健康活潑的感覺，黑白這種強烈對比的搭配與她們出奇的合襯，深藍、碳灰等深沉的色調，以及桃紅、深紅、翠綠這些鮮豔色彩最能突出開朗的個性。

其次，不同的季節應選擇不同的裝扮。

春天穿出明豔

春的色彩乾淨、清新，猶如溪畔的嫩蕊。

春天的屬性是一群鮮豔、透明、帶黃色調的暖色系。雖然鮮豔，濃度卻不可過高，如此方能營造出屬於春天的乾淨、清新、愉悅的感覺。

想像春天郊外的一灣小溪，淙淙流過新生的花朵與嫩葉旁，這般清淨而嬌美、鮮活的色彩，如鮮嫩亮澤的黃綠色和橘色，所有的鮭魚色、杏桃色和杏色，淺而柔和的棕褐色系如淡棕色、駱駝黃、金褐色及象牙白等，都會讓女人在春天散發出一股歡快明亮的女人味。

夏天穿出清爽

沉靜、溫柔、浪漫的夏由一群粉彩及暗沌色彩組成，正如天邊粉紫、灰藍、酒紅的彩霞。

夏天的色彩是一群含蓄、柔和、帶藍色調的冷色系，由一群粉嫩的粉色及帶煙灰感覺的暗沌色彩組成。

夏天女人有著沉靜、溫柔而浪漫的特質，可以說沒有哪一個季節的色彩能比得上夏季色彩的繽紛燦爛。

在這繽紛燦爛的夏季，所有的粉彩冷色系，如粉藍、粉紅、粉紫、粉藍綠，所有由淺到深的煙灰冷色系，如藍灰、灰藍、灰綠、豆沙、灰酒紅、灰紫等都是夏天屬性的代表色彩。

秋天穿出風韻

秋收時期的金色大地，醉紅繽紛的楓林，輝映午後的陽光，散發深邃嫵媚的女人味與最親切淳厚的氣質。

秋天的顏色有：橙色系、橙紅色系、金黃色系、金色系、棕褐色系、磚色、濃郁的暖綠色、暖藍色及米白色等。

秋天是收穫的季節，也是服裝爭奇鬥豔的季節。秋季的服裝基調應以一種飽和的暖色調為主。秋裝的樣式和環境色彩一樣，變化無窮，秋天的氣候給人帶來靜雅、莊重的環境氛圍。因此，帶有穩重文靜感的短上裝衣裙、套裝、毛線外套、風衣等，便成了秋裝的主要樣式。

秋天的服裝色彩以新鮮、高雅、不豔麗取勝。例如，黑白相間的套裝，這種安全的對比色彩，永遠格調高雅；藕色底配玫瑰色圖案的毛衣，情調雅緻；配鮮豔腰帶的銀灰色背心裙既引人注目，又不失文雅與娟秀。

冬天穿出別緻

冬的屬性是帶藍色調的冷色系，純正、理性而強烈，雪的極白與夜的極黑交織成冰冷又火熱的鮮豔色彩。

冬天的屬性是一群純正、乾淨、明亮、強烈、冰冷且帶藍色調的冷色系。冬天女人就像火燒冰淇淋一般外冷內熱，敢愛敢恨而冰雪聰明。

屬於冬天的顏色有：所有的正色，如正紅、正藍、正綠、正黃、正灰和鮮豔的桃紅色、酒紅色、紫色、藍色，以及海軍藍、黑色、黑褐色、純白色。還有一群冰冷色系，也就是大量的白，再加上冬天色彩中的其中一色，使其乍看之下是白，其實還泛有其他光彩的冰冷色。

《愛的藝術》指點迷津

女性的魅力著裝有一條國際上公認的原則——T.P.O 的著裝原則。所謂 T.P.O 是英文 Time、Place、Object 三個詞的第一個字母。T代表時間，通常也用來表示時期、季節；P代表場所；O代表目的、對象。服飾是一種無聲的語言，它道出了你的著裝品味、你對服飾的理解和應有的禮儀常識，這是你內在修養的外在表現。因此，當你決定穿某套衣服時，一定要考慮你穿著它到什麼地方去？要與誰見面？是在什麼時間？

《愛的藝術・第三卷》

讓我們從衣著打扮談起吧！細心栽培可以使葡萄多產，精耕細作可以使莊稼豐收。漂亮的容貌是天賜的禮物，但是擁有這種禮物並為之自豪的女人卻寥寥無幾。為數眾多的女人都是與此天生的美貌無緣的。然而，精心打扮可以彌補這種不足，可以使你美麗動人。一張漂亮的臉蛋，即使可以與維納斯女神相媲美，然而如果不加修飾，也會喪失它的全部光彩。

下面，我們就衣著來談些什麼吧！我不想談及那些金絲鑲邊的華麗的裙裝，也不想談及那些用泰爾紅顏料染過兩遍的毛織衣物。其他價錢便宜的顏料多得是，為什麼非要把你的全部財產都披掛在身上呢？你瞧這天藍，就像那南風颳散烏雲後的清新澄澈的碧空。你再來看這種藍跟海水很近似，它的名字也是從海水取的，叫海藍……

在這數不清的顏色中，請你仔細挑選吧！因為，並不是所有的顏色都適宜於每一個女人。黑色和皮膚白皙的女子相匹配；克律塞伊斯被俘的時候所穿的衣衫便是黑色的。白色適宜於棕墨膚色的女子；安朵美達啊，穿上一件白色的襯衫使你顯得多麼嬌媚迷人；當你剛踏上塞里福斯島的時候，你所穿的衣衫正是這樣顏色的。

季節不同你也應該選擇不同的服飾。一年四季色彩分明，給人的印象、感覺也各有差異，春天色彩乾淨、清新，讓人感覺一切欣欣向榮、充滿活力；夏季色彩繽紛燦爛，讓人感覺溫柔而浪漫；秋天色彩華麗豐滿，讓人感覺深邃嫵媚；冬季色彩純正、明亮，讓人感覺冰清玉潔。聰明的女人啊！根據不同的季節選擇不同的裝飾，會使你更加多姿多采。

根據臉型選擇相應的髮型

一個人所擁有的髮型，能全面地展現出這個人的審美情趣及知識涵養。美髮專家告訴我們：「塑造迷人的氣質，樹立與眾不同的自我，首先『從頭做起』。」

《愛的藝術》說：「每個女人都應該仔細選擇最適合自己的髮型。臉型長的女人可以把頭髮分梳在前額的兩旁，這叫做拉俄達彌亞髮型。臉型圓的女人則適宜把頭髮梳起來，在頭頂做成高髻，讓兩隻耳朵袒露著。」

根據自己的臉型選擇適合的髮型，這是選擇髮型首先要注意的問題。一個人的臉部輪廓是天生的，只有在客觀地對臉型作出判斷以後選出的髮型，才能真正體現出美感，以髮型彌補自己臉部的缺陷。

適合長形臉的髮型

長形臉看起來比較老氣，所以應選擇能感覺比較年輕的髮型。

這種臉型的人，首先應避免把臉部全部露出來，最好應留些瀏海。如果讓額頭裸露在外，會使臉部顯得更長。其次，儘量使兩側的頭髮有蓬鬆感，這樣也可以掩飾長臉的缺陷。

根據以上兩點，長形臉可選擇以下髮型：長形臉的人可剪蘑菇頭，把髮梢捲進去顯得很漂亮，如果將髮梢往外捲，會有一種活潑感。長形臉想留長髮的人，可燙大波浪，放鬆地往兩側梳，頭髮輕柔地垂在臉頰的兩側，顯得很嫵媚。也可在兩邊側髮、前髮燙小捲，效果也很好。

適合方形臉的髮型

方形臉的特性是下巴凸出，下巴線條單調，缺乏柔和感。化妝時最好把下巴線的輪廓畫長些。可以剪露出耳朵的短髮，明顯地露出下巴線，然後在其他的部位增加柔和感。

方形臉想留長髮的人，可燙大捲，把一邊的頭髮夾在耳後，顯現出搖曳的捲髮，或是把頭髮梳向一邊，增加量感，再留些散髮，這種髮式很適合職業女性。腮邊較大的方形臉者，不要梳半掩臉部的髮型，可梳較大膽一點的髮型。短髮燙捲讓其有蓬鬆感，也很能體現個性。方形臉如果留及肩的直髮，儘量旁分或緊貼頭皮，這種髮型很適合頭髮量少、髮質好的人。

適合圓形臉的髮型

圓形臉給人溫柔、可愛的感覺。通常，圓臉都是雙頰較寬、頭頂較窄，如果想平衡好臉形，可將頂髮梳高，兩邊平梳。

如果是小而端正的圓臉，應避免將額頭全部露出來，可以將頭髮向後攏梳成一條馬尾辮。雙頰到下巴都比較圓大的人，總是喜歡掩飾，其實剪中型短髮把整個臉露出來，反而不會太顯示圓臉，且看上去較清爽。

適合三角形臉的髮型

正三角形臉的特點是下顎骨突顯，額頭偏窄，額頭鬢髮較長。

這類臉型的人，首先應把窄瘦的額頭用瀏海掩飾起來，可以留齊肩的中長型髮式，但不要燙捲，以強調一種溫和的感覺。如果是長髮，將除瀏海外的其餘頭髮，梳順後一把抓至頭頂後側位置，紮成一個髮髻。前面的瀏海可留得較長較寬，並且稍微往裡捲，也可在腦後梳成一束馬尾辮。

倒三角形臉的特徵是下巴較小，給人較單薄的感覺，可利用較好的下巴線條，燙比較蓬鬆柔和的髮型。

屬於細長的倒三角形臉的人，最好不要把前面的頭髮梳上去。如果梳上去，會使下巴看起來更尖。應留些頭髮在額頭上，這樣感覺會比較好。如果是小而端莊的倒三角形臉，無論留長髮或剪短髮，都應儘量把頭髮梳小，讓頭髮從前面到後面呈現出蓬鬆的弧度。如果是短髮，就把前面的髮梢梳到後面。若是長髮，則可梳大捲，給人親切、成熟的感覺。

適合鵝蛋形臉的髮型

鵝蛋形臉搭配任何髮型都很諧調，但卻缺乏個性。因此，應該利用髮型來突出臉部輪廓最迷人的地方。

雖然同是鵝蛋形臉，也會因眼、鼻、下巴、額頭的形狀不同而給人以不同的印象。感覺較溫順的鵝蛋形臉者，可以剪成兩邊頭髮長短不同，髮梢稍內捲的髮型，這樣看上去高雅自然。臉盤較大、額寬的鵝蛋形臉者，可利用前髮來遮住額頭部分，前髮可以稍微往內捲，再把頭髮梳向兩邊。總之，使臉部看上去清清爽爽。顴骨明顯的鵝蛋形臉，已經接近菱形，可把頭髮捲成或燙成波浪狀的髮型。也可把頭髮梳直剪成半長或短髮，表現成熟感。下巴較圓的鵝蛋形臉者，應儘量避免讓下巴到頸部的曲線看起來沉重，可以將側面的頭髮梳到後面紮成一束或燙成具有動感的波浪捲，應儘量表現清爽。

髮型的種類很多，但不管梳什麼樣的髮型，有一個總的原則——切忌矯揉造作。《愛的藝術》也說：「隨便自然的梳妝最為適宜。」

《愛的藝術》指點迷津

還可以根據不同的髮質選擇髮型：粗硬且量多的頭髮，要進行直線修剪，梳髮時壓低髮量；細且柔軟的頭髮，可塑性強，梳理比較方便，尤其是梳俏麗的短髮極為適合；直且硬的黑髮，梳理成披肩的長髮，那烏黑、閃亮、厚重的懸垂美感，是其他髮質所無法比擬的。

要把你的髮型做得光潔美觀。這在相當程度上取決於梳髮人的技藝；她的手既可以使你增添魅力，也可能使你減損美麗。

當然，髮型的種類是數不清的；每個女人都應該仔細選擇最適合自己的髮型。臉型長的女人可以把頭髮分梳在前額的兩旁，這叫做拉俄達彌亞髮型。臉型圓的女人則適宜把頭髮梳起來，在頭頂做成高髻，讓兩隻耳朵袒露著。

有的女人讓自己長長的頭髮披拂在肩頭，就像撫弄琴弦、演奏美妙音樂的阿波羅那樣。另有一些女人則需要把頭髮在腦後梳成長辮，如同總是身著短衫、在林間追逐野獸的黛安娜女神。有些女人讓鬆鬆的長髮飄蕩在後面，使我們為之著迷；有些則把頭髮梳得平平的、緊貼在鬢角，同樣會使我們心醉。

有的女人喜歡用有著玳瑁的梳子做頭飾；有的則喜歡把頭髮捲成波浪式。茂盛橡樹的果子，希勃拉山上的蜜蜂、阿爾卑斯山中的野獸數量再多，也多不過女人做出的髮型。況且，她們的髮型還在日新月異地發展呢。

對很多女人來說，隨便自然的梳妝最為適宜。這種髮式在別人看來彷彿是昨天梳過後一直沒再動過，而事實上卻是剛剛梳罷的。藝術應當自然，切忌矯揉造作。

妝扮出迷人的風采

將自己打扮得更加漂亮一點、更加迷人一些，讓自己的天生麗質發揮到極致，使自己的愛情、生活更加美好幸福，使自己擁有迷人的風采、更具女人味，這都是值得讚美的生活方式。

《愛的藝術》說：「美容的藝術可以幫助你彌補眉毛離得太開的缺陷；還可以告訴你怎樣利用化妝品來掩蓋流逝的歲月給你留下的明顯的痕跡。」

美容化妝是一門藝術，它能讓一個平淡的女人變得精彩起來。

你可以妝扮得個性，有品味；或者優雅，嫵媚。不過，你在梳妝打扮的時候也應該注意，性感和含蓄往往只有一步之差，高品味與妖豔的差別常常在於一些細節的搭配。

濃妝豔抹的確能增添性感魅力，但一般必須參加晚宴或舞會才如此盛妝。若在平時，還是應該化淡妝。眉毛過分纖細、唇部太「豐厚」、臉部化「酷」妝，雖說有豔麗、俏皮的成分，但在日常生活中會被認為是不禮貌和俗氣的。千萬別灑太濃烈的香水，濃厚的香水味容易讓人感到沒品味。

粉底——臉部的透明外衣

雜誌上那些皮膚透明無瑕的模特兒令人羨慕，那大多是優質粉底產生的效果。你應選擇與膚色接近的粉底色，若粉底色太白，會有「浮」的感覺。粉底不可塗抹過厚，可用拍打的手法薄薄施上一層，注意髮際及頸部，要有自然的過渡，以免產生「面具」似的感覺。另外，應在妝前乳完全吸收後再上粉，以保證均勻的效果。

眉型——臉部的晴雨表

高挑的細眉，很有女性柔媚的韻味，如果是職業女性，你最好的選擇應是稍粗而眉峰稍尖的眉形，顯得能幹而精明。如果你的眉毛比較雜亂或眉梢向下，可用小剪刀修剪出比較清晰的眉形，你會發現你的臉瞬間煥發出晴朗的神采。

唇彩——臉部的主題色彩

許多女性都有這樣的經驗，因熬夜而蒼白憔悴的臉，只須抹上一層口紅便可大為改觀，顯得精神，所以許多女人即使平時不怎麼化妝，手提袋裡也會有一支口紅。粉色、橙色系口紅很受歡迎，而各種沉暗的紅與紫色以及亮光口紅就不太適合辦公室的工作氣氛了。不用唇線的自然唇妝如今又成為時尚，如果你不用唇線，則應用唇筆細心勾畫出圓潤清晰的唇型。

胭紅——臉部的點綴

淡淡的一抹胭紅會提高臉的亮度。可使用胭紅刷或粉撲。塗抹的順序是從太陽穴上部到面頰的下部，否則顏色將十分平板沒有變化。你可以將兩種胭紅混合（例如：將金黃色和杏色混合）後用乾淨的刷子塗在臉上，會收到意想不到的效果。

《愛的藝術》指點迷津

化妝是一門藝術，要想做好它並不容易。首先，你要熱愛它。其次，要多看、多學、多練。因為化妝是與時尚同步的，今天還流行的妝面，明天可能就不流行了，所以要時刻把握住時尚的脈搏，用敏銳的觸覺去感覺它、捕捉它。

《愛的藝術・第三卷》

你們都懂得用蜜粉把皮膚塗得白皙漂亮的方法，所以我就不用講了。不過，皮膚天生不紅潤的女子，可以使用胭脂，把自己搽得如玫瑰一樣鮮豔。

美容的藝術可以幫助你彌補眉毛離得太開的缺陷；還可以告訴你怎樣利用化妝品來掩蓋流逝的歲月給你留下的明顯的痕跡。

請不要害怕，你完全可以把精細的灰粉，或塞得努斯河畔鬱金香的液汁，染在你的眼圈上，以使你的眼睛更加明亮動人。

笑容是女人最好的裝飾品

笑容是女人最好的裝飾品。令人一見傾心的女人，一個微笑就能散發足以溫暖人心的感染力。

《愛的藝術》說：「誰會相信呢？女人甚至還應該學會怎麼去笑。即使在這種細枝末節上，她們也應該學會怎樣才能嬌媚迷人。啊！千萬不要把嘴張得太大；要讓你面頰的兩側蕩起小小的酒窩；要使你的唇邊遮住你的牙齒……」

女人的微笑，有著無窮的魅力，所謂「一笑傾人城，再笑傾人國」，指的就是微笑的不可抗拒性。

女人楚楚動人的一笑，會讓男人回味無窮。女人像美麗的天仙，純潔無瑕；又像盛開的鮮花，豔麗典雅。雖然那只是發生在瞬間，但在男人的心頭卻久久地縈繞，甚至渴望能夠領會得更多。

當男人的想法與女人不謀而合，或男人的做法得到女人的讚許時，女人回報給男人會心的一笑，男人會因此而備受鼓舞，因為男人感受到了理解與支持。女人的會心一笑雖無任何語言，卻比語言給男人的衝擊力更大。

當女人鍾情男人的時候，女人輕轉額頭送給男人回眸一笑，恐怕男人的心將為之傾倒。在回眸的那一刻，女人的笑意蘊含著無盡的話語，讓男人魂牽夢繞。

微笑具有如此的魅力，你又怎能總是板著面孔呢？

當然，並不是所有的笑都會受到歡迎。《愛的藝術》說：「有這樣一些女人，她們若不做出駭人的怪相，就沒法笑出口。還有一些女人，為了表示她們很快活，就發出古怪的笑聲，可是讓人覺得她們好像是在哭嚎。更有一些女人，常常用粗俗刺耳的笑聲使我們難以忍受。」

你應該明白，親切的笑容就是你最動人的表情。你的微笑不應該是一種偽裝，在臉上矯揉造作地擺出來。不要以為別人在期待自己的微笑而微笑，這種微笑只會招來反感。你的微笑應當發自內心，是來自心靈深處，是誠摯真實的。

只要了解微笑必須有「心」的融入，你自然就會知道什麼樣的笑臉比較受歡迎。下顎誠懇地面向正前方，嘴角微微上翹，一邊看著對方，一邊保持愉悅的笑臉最理想。

《愛的藝術》指點迷津

做下列練習，它將幫助你鬆弛下來，從而發出真誠的微笑。舒適地坐著，放鬆身體，當你覺得你的每一塊肌肉都變得沉重下垂，一種確定鬆弛下來了的舒適感洋溢全身時，你試著微笑。給自己時間微笑，回想一件令你愉快的事引發微笑，並且欣賞自己的微笑。讓微笑首先在你的眼睛裡出現，然後到嘴唇，最終當微笑照亮了你的整個臉龐時，你再隨便說些什麼，保持十秒，你便成功地製造了一次真誠的微笑。

《愛的藝術．第三卷》

誰會相信呢？女人甚至還應該學會怎麼去笑。即使在這種枝微末節上，她們也應該學會怎樣才能嬌媚迷人。

啊！千萬不要把嘴張得太大；要讓你面頰的兩側蕩起小小的酒窩；要使你的唇邊

遮住你的牙齒。

笑的時候，次數不可太多，聲音不可太高；這樣，你的笑就會帶有女性的溫柔細膩，動聽悅耳！

有這樣一些女人，她們若不做出駭人的怪相，就沒法笑出口。還有一些女人，為了表示她們很快活，就發出古怪的笑聲，可是讓人覺得她們好像是在哭嚎。更有一些女人，常常用粗俗刺耳的笑聲使我們難以忍受。這些女人都是你不應該學習的對象。

優雅的姿態盡顯女性韻味

優雅的姿態像無形的精靈，悄悄潛入人們的心靈，從而給人留下難以磨滅的印象。一位具有優雅姿態的女人，必然富有迷人而持久的魅力。

《愛的藝術》說：「你應該學習與女人相配的姿態。在姿態中有一種需要認真培養的漂亮風度。有了它，就是陌生的男人也會被你吸引；沒有它，男人遠遠地望見你就會趕緊躲避。」

在《愛的藝術》看來，優雅的姿態極具美感。一位女性姿態優雅，就會光彩照人，魅力倍增；反之，則「男人遠遠地望見你就會趕緊躲避」。

這一點是所有女性都應注意到的，但在日常的生活中，人很容易全身自然放鬆，不太注意自己的姿勢是否標準，是否具有美感。不信你體會一下，可以透過觀察別人，比較一下姿態是否優美；也可以透過照鏡子，看看自己在放鬆和有意控制的情況下，姿態有什麼區別。姿態標準，身材就顯得美，甚至身高都會看上去比實際要高。因此，在平時就要注意自己的一舉一動。

優雅的立姿

站立是生活中最基本的舉止，站姿是生活中靜態造型的動作，女性站立的姿勢美與不美，直接關係到女性的形象。社交活動中站立不僅要挺拔，還要優美和典雅。

優美站姿的要領：抬頭，頸挺直，雙目向前平視，下顎微收，嘴唇微閉，面帶笑容，動作平和自然；雙肩放鬆，氣向下壓，身體有向上的感覺，自然呼吸；軀幹挺直，直立站好，身體重心應在兩腿中間，防止重心偏移，做到挺胸、收腹、立腰；雙臂放鬆，自然下垂於體側，手指自然彎曲，雙腿立直，保持身體正直，膝和腳後跟要靠緊。

這是站姿要領，同時也是基本站姿，當腿和手的姿勢略有變化時，如站「丁」字步、雙手在體前交叉等，仍不失女性之美。正確健美的站姿會給人挺拔俊美、莊重大方、精力充沛、信心十足和積極向上的印象。

優雅的步姿

每一個女人都想擁有流雲般優雅的步姿，款款輕盈的步態是女性氣質高雅、溫柔端莊的一種風韻，而優美的步態，則更添女性溫柔之魅力，展現自身的風采。

優美步姿的要領：以腰帶動腳，重心移動，以腰部為中心；頸要直，雙目平視，下顎向內微收，面帶微笑；保持正立，腰部後收，兩腳平行；膝蓋伸直、腳跟自然抬起，兩膝蓋互相碰觸；有節奏地走路，肩膀放鬆，手指併攏。

若你走路時能注意上述要點，你就能保持優美的姿態並時刻洋溢著青春的活力。

優雅的坐姿

坐是以臀部作支點藉此減輕腳部對人體的支撐力，坐是日常生活中最常用的姿態。因此，端莊、優雅、舒適的坐姿對女性很重要。

優美坐姿的要領：面帶笑容，雙目平視，嘴唇微閉，微收下顎；立腰、挺胸，上身自然挺直；雙肩平正放鬆、雙臂自然彎曲放在膝上，亦可放在椅子或沙發扶手上，掌心朝下；雙膝自然併攏，雙腿正放或側放，雙腳併攏或交疊；談話時，可能有所側重，此時上身與腿同時轉向一側。

正確的坐姿與正確的站姿一樣，關鍵在於腰。不論怎麼坐，腰部始終應該挺直，放鬆上身，保持端正坐姿。

《愛的藝術》指點迷津

不同的場合，舉止也應有不同的遵循原則。比如，上班的時候應該注意動作要穩重端莊，與人談話語氣要和緩，要認真傾聽對方的談話，不要左顧右盼、漫不經心，表現得很不禮貌。因公務或個人交往出入社交場合時，則應注意舉止要大方禮貌、穩重自然，不要過於張揚炫耀、引人注目，那是缺乏修養的表現。還要注意，即使在自己家中，也不要過於鬆懈、不講美感。因為如果你平時在家散漫慣了，外出和上班時就不容易改變自己的姿態了。

《愛的藝術．第三卷》

此外，你應該學習與女人相配的姿態。在姿態中有一種需要認真培養的漂亮風度。有了它，就是陌生的男人也會被你吸引；沒有它，男人遠遠地望見你就會趕緊躲避。

例如，有的女人走起路來臀部擺動得優美合度，她的長衫隨著微風飄飄曳曳，走路的步態顯得既高貴又文雅。而也有一些女人走路的時候跨著大步，在人群裡橫衝直撞，就像翁布里亞村夫們的紅臉婆娘一樣。

正如做其他事情一樣，姿態也應該有個節度。有的女人的姿態特別大媽氣；還有些女人則過於忸怩作態。像她們這樣，永遠不會有人喜歡。

從十個方面觀察與你相交的男人

女人戀愛的目的是為了找一個情投意合的人相伴終生。但是，選擇理想的情人光憑感覺是靠不住的，得用心去識別，你要冷靜地站在高處，俯視他，弄清他是不是你的最終選擇。

《愛的藝術》說：「可愛的女人啊！對於那些總是炫耀自己的服飾和外貌，而且總是小心翼翼地害怕他的頭髮會弄亂的男子，你們千萬不要去理睬。」

雖然他的外貌英俊、談吐高雅，但是否真的值得你託付終生呢？《愛的藝術》告訴你，選擇愛人不能只用眼睛判斷，因為眼睛容易被那些華而不實的表象所迷惑，你必須用心去觀察，從生活的實踐考察他，看他是不是符合你的標準。

下面為你提供了一個有趣的品質檢測，你不妨用這些來考察一下他。當然，他不用樣樣具備，如果能達到這十項中的六項，他就已經基本通過檢驗了。

他正直誠實

如果一個男人連正直誠實都做不到，你顯然沒有必要與他交往。但你如何知道他是否是個正直誠實、值得信賴的人呢？留意一下他對其他人的態度吧！比如他是如何對待自己的父母、朋友的，他又是怎樣對待餐廳服務生的？如果有機會，你不妨再聽聽他的同事和朋友對他的看法。

他聰明且願與人交往

雖然男人的安靜會散發出一股誘人的神祕氣息，很容易獲取女人的芳心，但這實際上也是一種多疑、不易親近性格的反映。要是他生性不喜多言，又不願意傾聽，這個男人就必定人緣不佳，孤立無援。所以，別相信「木訥」即「老實」，真正聰明的男人應該知道什麼時候該說話，什麼時候該沉默。

他不會因為朋友而忽略你

如果他平時和你在一起就喜歡呼朋引伴，甚至為了朋友而把你拋在一邊，那麼你就要留意：他是否更重視在朋友們心目中的位置？他是否是因為他的朋友對你的讚揚而與你交往的？如真的是這樣的話，你和他家中那隻小貓有什麼區別呢？當然，朋友多說明他八面玲瓏，人緣好，但從另一個角度來看，優質男人應該能夠獨立思考與行動，而非唯朋友是從。

他幽默風趣

有關研究顯示，笑很容易消除兩人關係中的緊張成分，使雙方相處更為和諧。當然，如果兩個人對「有趣」的定義不同的話，結果可能比完全沒有幽默感更糟。要是一個男人大談的笑話，都是你所不在意的，你就應當意識到你們之間的思想隔閡，這也是督促你離開他的信號。

他喜歡小動物

通常喜愛小動物的人都有一顆愛心。如果他喜歡小動物，那麼你就可以從他對待寵物的方式了解他怎樣對待別人。

他對曾經付出的感情無怨無悔

每個人都有自己難以忘懷的過去，優秀的男人也不例外。如果他曾經有過刻骨銘心的感情經歷，並且為此真心付出過，那麼至少可以證明他是個深情、不畏於承諾的男人。你應該可以用心感受到他所經歷的一切，而不必計較他的過去。如果一個男人對他所有交往過的女人都沒有一句好話，那麼他很有可能根本不懂得如何尊重女人，而且有可能會將對所有女人的怨忿轉移到你的身上。切記，你需要的是一個願意為感情破裂分擔部分責任的男人，只有這樣的男人才會在與你有意見分歧時自我反省。

他對你關愛體貼

你是否留意到，他會在你說話時耐心傾聽；他會記得你提起的朋友的名字；他會在你口渴時為你倒一杯你最喜歡的冰紅茶……這些都在無聲地宣示著他對你的愛。或許你不願被人問東問西，像做個人調查，但一個總是對你噓寒問暖、關愛體貼的好男人是不可多得的。

他胸襟開闊，寬容忍讓

如果你和他發生了一些爭執，通常是誰最先讓步?你害怕看他發怒的樣子嗎?你們爭吵時，他是不是只顧自己發脾氣而一點也不在意你的感受?其實，這種時候也正是考驗他修養的好時機。真正優秀的男人應該懂得如何表達自己，而不是以大吼大叫來宣洩不滿。他會耐心聽你說話，如果你是對的，他能夠承認錯誤；即使你不對，他也願意原諒你。

他有自己的愛好

無論是音樂、運動還是釣魚，一個能在生活中找到自己愛好的男人一定會給人生機勃勃的感覺。

他對你有「性」趣

他的笑，他的吻，他的愛撫都令你心動，在他面前，你似乎覺得自己特別美麗迷人。如果戀愛雙方沒有這點相互吸引的化學因子，那麼上述九點都會成為空談。換句話說，如果你們彼此之間沒有由愛慾激發出的火花，是不可能建立一個長久而完整的親密關係的。

《愛的藝術》指點迷津

俗話說：「男怕入錯行，女怕嫁錯郎。」對於一個女人來說，選擇什麼樣的丈夫幾乎關係到她一生的幸福。但選擇一定不能過於挑剔，選來選去，選到自己人老珠黃，只好做「降價處理」，這樣的事情數不勝數。

《愛的藝術．第三卷》

但是，可愛的女人啊，對於那些總是炫耀自己的服飾和外貌，而且總是小心翼翼地害怕自己的頭髮會弄亂的男子，你們千萬不要去理睬。那些男人對你說的話，他們已經不知向別的女子說過多少遍了。他們一個個都是朝三暮四，在愛情上絕對是個靠不住的傢伙。

面對這些輕佻多變的、後面可能跟著一大群情人的男人，你能拿他怎麼辦呢？這事或許你不相信，可仍然是千真萬確的事實。

哦！如果特洛伊人聽從老普里阿摩斯的忠告，那座城池恐怕直到今天還在那裡矗立著呢！有些男人以愛的名義向女人獻媚，他們唯一的目的就是從這條路上騙取不光彩的便宜。因此，當你看到他們散發著濃郁香水味的頭髮，打扮得無比花哨的衣裝，裝腔作勢的眼神，以及戴滿戒指的手指，千萬不要被這些華而不實的表象所迷惑啊！

恬靜是女人美的源泉

當一個女人內心是寧靜的，生活的雜亂和煩惱就不再干擾她。她以自己的安詳和寧靜，使生活改變，就像夏日清涼的晚風將暑熱悄悄地消散，她的寧靜製造的氣氛，使每個接觸她的人感到無窮的魅力。

《愛的藝術》說：「如果你想保持自己的美麗，就必須克制自己的壞脾氣。暴怒是野獸的本性，而文雅平和則是人的優點。」

恬靜是女人美的源泉。如果失去了內心的寧靜，憤怒便會使女人失去魅力。《愛的藝術》指出：「暴怒的人，她的臉龐會變得紫漲，她的脈絡會漲滿黑血，她的眼裡會燃起戈爾貢的怒火。」

在《愛的藝術》看來，憤怒的女人就像女妖戈爾貢一樣讓人避之唯恐不及，又怎麼能有吸引力、打動人心呢？

生活中，一些經常發怒的女人說，我們希望獲得寧靜，然而我們無法寧靜，不如意的事太多。事實上，今天的大部分女人都處在既要從事一份謀生的職業，又要做好賢妻良母的雙重位置上。於是你便感到身上的負擔很重。在上司面前你盡力做一個好下屬；回到家還有一個大手大腳的丈夫和一個令人操心的孩子。一大堆的髒衣服等待你洗，混亂不堪的房間等你收拾，然而你已無暇顧及那些了，你火燒火燎地衝進廚房，手忙腳亂地操練著鍋碗瓢盆，力求盡可能快地端出全家人的晚餐……可是孩子突然哭聲驟起，丈夫卻不聞不問，你的憤怒就像爐灶裡的火一樣直竄腦門，一切的一切都在惹你心煩。你衝出廚房，朝丈夫宣洩憤怒，而就在你怒目而視之際，廚房裡飄來了濃濃的燒焦味……

你的憤怒是有理由的，但卻是無濟於事的。當你明白了這一點，相信你也找到了調整自己的基點。

既然這是一個客觀的現實，那麼，最好的辦法莫過於擁有坦然而安詳的態度，這是非常重要的。最好的做法是：心平氣和，即對生活中如意的或者不如意的事，都抱以客觀的態度，平心靜氣地接納，並積極地採取相應措施；同時對自己或者對別人都有切合實際的評價，不以過分的要求而使自己為難，也不以不切實際的標準令別人勉強。能夠這樣，自然避免了許多的煩惱。世上本無事，庸人自擾之。普通人不是高僧，沒有六根清靜的境界，但是，如果能夠保持淡泊平和的心境，不去自尋煩惱，確是非常有益的。試想，如果能夠如此「心平氣和」，寧靜怎麼會不屬於你？

煩躁和憤怒在擾亂內心寧靜的同時，也在你的面容上留下不愉快的痕跡。一個快樂的人在到了一定年齡的時候，皺紋會在合適的位置上生成，那些皺紋無論是深的還是淺的，都在向外界展示一個快樂的靈魂，人們看到它們，便會感到其中的快樂。同樣，一個時常憤怒的或者憂慮的人，皺紋會在面孔的另一些位置出現，無論是深的還是淺的，似乎都在向人訴說著不滿和令人不安的故事。人們見到這樣的臉，會立即緊張起來，即使是快樂的人也會自悲，她看起來很不幸，別人的快樂也許會使她傷感吧？於是儘量屏氣斂聲。你瞧，這樣的人，還有什麼魅力可言呢？

當你能夠因地制宜地去生活，對那些無法控制的事處之泰然，寧靜便會降臨。你就會逐漸具有寧靜、高雅的魅力了。

《愛的藝術》指點迷津

何苦要生氣?生氣便是用別人的錯誤懲罰自己。如果生氣發怒不能改變現狀,則無須發怒。如果損失較大,則設法轉移自己的注意力,把事情忘掉。

如果你是一個易於憤怒卻不善控制的人,建議你不妨設立一本憤怒日記,記下你每天的發怒情況,並在每週做一個小結,這會使你認識到:什麼事情經常引起你的憤怒,了解處理這些事情的合適方法,從而使你逐漸學會正確地疏導自己的情緒。

《愛的藝術·第三卷》

如果你想保持自己的美麗,就必須克制自己的壞脾氣。暴怒是野獸的本性,而文雅平和則是人的優點。

暴怒的人,她的臉龐會變得紫漲,她的脈絡會漲滿黑血,她的眼裡會燃起戈爾貢(是蛇髮女妖,傳說有三位:斯忒諾、歐律阿勒和美杜莎。任何人見到戈爾貢的頭或被其目光所及,就要化為石頭)的怒火。

「滾開吧,你這可惡的長笛!我不值得為了你而犧牲我的美貌。」當雅典娜(傳說她是笛子的發明者,當她在水中照見自己吹笛時不雅觀的樣子,便立刻把笛子丟了)

在溪水旁看到自己因為吹笛而扭曲了面容時，她就是這樣說的。

可愛的女人啊，你們也應當如此。當你們憤怒的時候，只要去照照鏡子，那麼恐怕你們沒有一個人會認出鏡子裡的面孔就是你們自己。

女人的柔情是一道風景

女人的柔情在男人的心中永遠是一道亮麗的風景。這道風景裡充滿優雅淡靜的詩意，充滿溫情含蓄的微笑，充滿善解人意的撫慰。沒有男人不喜歡這道風景，不欣賞這道風景。

《愛的藝術》說：「傲慢對美貌也有損害。要想吸引住你的戀人，你的一舉一動都必須溫柔多情。」

《愛的藝術》欣賞女性的溫柔、讚美女性的溫柔。因為，溫柔的女人最具女人味。溫柔對於一個女人來說，是一種誘人之美，是一種高尚的修養。

造物者用了最和諧的美學原則來創造人類，它賦予了男性陽剛之美，又賦予女性陰柔之美，正因為兩性之間各有其獨特形態而形成鮮明對比，才使男女對立統一地組成了人類這絕妙完美的世界。

陰柔之美是女性美的最基本特徵，其核心是溫柔。溫柔像春風細雨，像嬌鶯嫩柳，像舒卷的雲，像皎潔的月，更像蕩漾的水。女性之美，美就美在「似水柔情」。用「水」字來形容女性的柔美，真是一語道破了其中的神韻。《紅樓夢》中的賈寶玉說過：「女兒是水做的骨肉」，所以人見了便覺得清爽。他把大觀園裡的姊妹丫鬟們，都看得像清澈的水一樣照人心目，一個個都顯得天真純潔、溫柔嬌嫩。在他的面前，這些女子展現了一個有如水晶一般明淨的世界。女作家梅苑在〈美人如水〉一文中說，女人要似水柔情才有女人味。真是高論妙極。

可見，女性的誘人之處，正在於有似水的柔情。世上絕少會有哪個男人喜歡女人的蠻、野、悍、潑、粗、俗。《愛的藝術》也認為，女性的似水柔情，對男性來說，是一種迷人的美，也是一種可以征服男性的力量。一位詩人說：「女性向男性進攻，『溫柔』常常是最有效的常規武器。」黑格爾在《美學》中也談到：「女人是最懂得感情的，一般說來她們是秀雅溫柔和充滿愛的魅力的。」

馬克思則認為：「女人最重要的美德是溫柔。」盧梭也說過：「女人最重要的品質是溫柔。」

一個女人只有溫其容，柔其聲，處處關懷體貼別人，才能使別人感到溫柔可親，才會給人們一個溫馨美妙的世界。反之，女人失去了溫柔，就沒有了女人的味道，就沒有了那股裙角飛揚的靈秀之氣。所以，女人的溫柔是萬萬不可少的。

在生活中，女人的溫柔應表現在：善解人意、寬容忍讓、謙和恭敬、溫文爾雅。不僅有溫順、含蓄等方面的表現，也有纏綿、深沉、純情、熱烈等方面的流露。有的女人無限溫存，像牝鹿一般的溫柔；有的女人像一道淙淙的清泉，通體內外都充滿著柔情……總之，女人的柔情各式各樣，都像絢爛的鮮花，沁人心脾、醉人心肺。

《愛的藝術》指點迷津

溫柔，來自女人性格的修養。女人要在自己的日常生活中，注意加強性格上的涵養，培養女性柔情。為此，女人特別要忌怒、忌躁，講究語言美，把那些影響柔情發揮的不良性情徹底克服掉，讓溫柔的鮮花為女人的魅力而怒放。

《愛的藝術．第三卷》

另外，傲慢對美貌也有損害。要想吸引住你的戀人，你的一舉一動都必須溫柔多情。

請相信我的經驗之談吧！任何傲慢、蔑視人的神氣，都會立刻使男人產生憎惡之感。

有時候，一個女人儘管沒有說一句話，但她的臉色卻顯示著敵意和不快，這使她的魅力打了多少折扣啊！

因此，我的建議是：誰若朝你微笑，你就一定要報以溫柔的微笑；誰若朝你點頭示意，你也要親切地向他打招呼；即使有誰瞪你，你也應該以和藹的笑容視之。

你應該明白，你的溫柔會讓你具有十足的女人味。

幸福女人的心理處方

一個女人，只要凡事往好處想，突破自己的心理局限，用積極樂觀的心態，對待生活中的不如意，那她就一定會是一個幸福的女人。

《愛的藝術》說：「鬱鬱寡歡的女人同樣不為男人喜歡……那些快樂的男人，唯有快樂的女人才能得到他們的歡心。」

鬱鬱寡歡，即對任何事物都無興奮點，只是用壓制、消極的態度去對待。具有這種性格的女人，心理內向，甚至冷漠，往往愁雲滿面，遇事只往壞處想，看不到好的轉機，把自己壓在悲觀的巨石下，痛苦地度日如年。

事實上，鬱鬱寡歡的女人不但難以獲得愛情，而且永遠悲觀失落毫無幸福可言。因此，必須改變憂鬱的心態。

以下幾種方法，希望能對憂鬱的你有所幫助。

合理安排日常生活

憂鬱的你對日常必須的活動常常感到力不從心。因此，你應該對這些活動進行合理安排，以使它們能一件一件地完成。以臥床為例，如果躺在床上能使你感覺好些，這無疑是一件好事。但對憂鬱的你來說，事情往往並非這麼簡單。你躺在床上，並不是為了休息或恢復體力，而是一種逃避的方式。你會為這種逃避而感到內疚、自責。並且，躺著使你有更多的時間思考自己的困境。床看起來是安全的地方，然而，長此以往，會變得更加糟糕。因此，最重要的是，努力從床上爬起來，按計劃每天做一件積極的事情。

換一種思維方式

對抗憂鬱的方式之一，就是有步驟地制定計劃。儘管有些麻煩，但請記住，你正訓練自己換一種思維方式。

現在，儘管令人厭煩的事情沒有減少，但你可以計劃做一些積極的活動，即那些能給你帶來快樂的活動。例如，如果你願意，你可以坐在花園裡看書、外出訪友或散步。

懂得珍惜

憂鬱的你很難意識到自己其實並非一無所有，你整天意志消沉、暴躁易怒，其實你大可不必如此，也許你為失去了什麼而傷心、生氣，但你仍擁有令人羨慕的一切，你健康的身體，你的家庭，你所有的朋友等等這一切，都是你的財富，你千萬不能再憂鬱下去，否則，你很有可能失去這些最美好的東西。塞繆爾．詹森曾說過：「凡事往好的一面去想，這種習慣比收入千金還寶貴。」你需要做的是珍惜眼前所擁有的一切。

克服憂鬱中的自責

憂鬱的時候，你感到自己對消極事件應負有責任，因此，你開始自責。你的自責是徹頭徹尾的。當不幸事件發生或衝突產生時，你會認為這全是你自己的錯。這種現象被稱作「過分自我責備」，是指當你沒有過錯，或僅有一點過錯時，你出現承擔全部責任的情形。跳出圈外，找出造成這一事件的所有可能的原因，會對你有較大的幫助。你應當學會考慮其他可能的解釋，而不僅僅是責怪自己。

《愛的藝術》指點迷津

除此之外，治療憂鬱的心理處方還有：多活動——除了做家務，最好能養成散步的習慣；多聽輕鬆音樂——音樂容易進入人的潛意識，潛意識比意識對人的影響更大；充分利用顏色的心理效應——多穿暖色調，少穿黑色調衣服；多與人交往——與性格外向、開朗活潑的人交往；抬頭挺胸走路——可逐漸建立自信心，從而減少憂鬱。

《愛的藝術·第三卷》

鬱鬱寡歡的女人同樣不為男人喜歡。

讓埃阿斯去愛他的忒克墨薩（佛律綫亞公主，為埃阿斯所俘，並成為他的情人）吧！那些快樂的男人，唯有快樂的女人才能得到他們的歡心。

至於你，安德洛瑪刻，還有你，忒克墨薩，無論是你們倆中的誰，快樂的男人一概不會考慮讓你們做他們的情人。倘若不是你們生過孩子，我甚至會懷疑，你們的丈夫在你們的懷抱裡是否得到過歡樂。

真是難以想像，像忒克墨薩那樣一個沉浸在悲哀中的女子，竟然也會對埃阿斯說「哦，照亮我生命的光啊！」和諸如此類令男人心醉和欣慰的甜蜜的情話。

不要讓男人「輕易得手」

人人都想輕易得到任何東西，但人人都不會重視隨手可得的東西。不珍惜輕易到手的東西，這可以說是人之常情。

《愛的藝術》說：「太容易相愛是培養不出長久的愛情的；向敵人屈服得越快，你的愛情也就消失得越快。」

太容易得到的東西，人們往往不太珍惜，愛情也是如此。

換言之，在愛情中，女人之所以吸引男人，相當程度在於她有時表現得無從觸及。

「她並非美人，但我卻對她十分鍾情。」

男人經常說這句話，原因是她有股魅力吸引著他。

儘管是閉月羞花之貌的美人，卻不一定讓男人動心，因為沒有一點「謎」一樣的感覺。

所以，能夠吸引男性注意的女性，應該帶一點「神祕」的色彩。

雖然很喜歡他，但是在表面上，愛情的給予要吝嗇一點。

「她對我的印象怎樣？也不是完全不喜歡，然而也沒有特別關心我。到底是怎樣呢？」

將男性的一顆心吊在半空中。有意？無意？這是任何男性都會關心的問題。

「剛剛打電話到公司，聽說你沒去上班，我好擔心……發燒了？我有特效藥，拿去給你好嗎？一定沒有食慾！但不可以不吃東西，總得勉強吃點。」

你在電話裡用嬌滴滴的聲音講著，這就不同尋常，因為對方身體不舒服的時候，對於芝麻小事都會感動得簡直要涕淚橫流。因此對他而言，你就像美麗的天使。對他如此關切，就很容易使他陷入愛情的漩渦而無法自拔。

以後稍加搖動，就好像成熟的桃子落地一般，男士會落在聰明女士的手裡。

也許他感冒好了之後，打了幾次電話都找不到你。千辛萬苦找到你，不料你卻說：「很抱歉，我現在必須出去辦點事情。」

說完了，飛也似地沒了人影。叫他難以思索。

對方一旦碰到這樣的你，他會變成一個鬥志昂揚的勇士，一定會為了把你追到手而努力不懈。

《愛的藝術》指點迷津

當男人對你產生神祕感後，就會產生探明究竟的願望，這樣你的吸引力將會不斷增加。反之，如果讓男人「輕易得手」，讓他了解了你的全部事情，他對你的興趣可能就會隨之冷卻。因此，要使每次約會都有新鮮感並使他對你持續抱有興趣，就應在戀愛期間保留一點神祕感，這樣可以鞏固愛情，使你更加迷人。

《愛的藝術．第三卷》

太容易相愛是培養不出長久的愛情的；向敵人屈服得越快，你的愛情也就消失得越快。

在調情的時候，應當不時地夾入一些拒絕。有時候，可以把你的戀人擋在門外，讓他不停地哀求、禱告。

有時候，我們厭惡過於甜蜜的東西；而對於敗壞的胃口，苦澀的東西常常是一劑極好的開胃藥。

那些導致男人對妻子疏遠的原因就在於：無論什麼時候，他只要想看見她就可以看見。

因此，把你的房門緊閉起來，並讓你兇狠的守門人肆意咆哮著對他說：「不許進來。」一旦被拒於門外，將熄的愛情之火就會重新燃燒起來！

做一個快樂的女人

「你不能改變世事，但你可以改變心態；你不能選擇容貌，但你可以展現笑容。」真正懂得生活的女人是快樂的天使，她們有一顆善於發現快樂的心。

《愛的藝術》說：「做一個快樂的女人吧！愛神邱比特天生就喜歡接近快樂的女人，他用利箭射穿她們的胸膛，讓她們在他耀眼的火炬下翩翩起舞。」

男人心中欣賞的是哪種女人呢？

《愛的藝術》絕口沒提漂亮、能幹、堅強等，而是避開了它們選擇了一個最普通的字眼——「快樂」。《愛的藝術》的回答足以讓女人們長久回味。

女人們一直渴望自己能成為一個漂亮、有才能且堅強的女人，但卻很少考慮如何成為一個快樂的女人。其實，漂亮、能幹的女人固然好，但真正打動人心的還是快樂的女人。

環顧身邊的女人，漂亮能幹的不少，但她們中間卻很少有生活得十分快樂的。不是對生活不滿，便是在追求的過程中喪失了快樂。

快樂的女人也許不是最出色的女人，但卻是掌握人生要義的女人。假如漂亮的女人不快樂，那她的漂亮又有什麼意義呢？

一個快樂的女人知道怎樣熱愛生活，知道怎樣讓生命更有意義。她們容易知足，充滿太多慾望的心是不會享受到快樂的。快樂的女人生活得有情趣，雖然平凡卻有滋有味。

快樂的女人不會給男人帶來沉重，最能讓男人動心。《愛的藝術》說：「在快樂的女人面前，男人忘記了老氣橫秋，拋開了勾心鬥角，有的只是充滿心田的滿足感。他無法控制自己不給快樂的女人最好的愛情，因為她的快樂是她幸福的源泉。」

其實，快樂很簡單，快樂的方法適用於任何人：

第一步，若遇到困難，不要驚慌失措，冷靜地分析整個情況，找出萬一失敗時可能發生的最壞情況是什麼——難道你會因此而失去生命嗎？若不會，那還有什麼好怕的。

第二步，找出可能發生的最壞情況後，就要在心理上做好接受它的準備。

第三步，想方設法改善那種最壞的情況，集中精力解決問題，使情況向好的方面轉化。

只要你盡力了，你就可以心平氣和地玩遊戲、唱歌、交朋友，這些可以使你充滿歡樂，忘卻煩惱和病痛。即使是一秒鐘以前發生的事情，我們也沒有辦法再回過頭去糾正它，只能改變一些一秒鐘以前發生的事情的影響。唯一可以使過去變成有用的方法，就是平心靜氣地分析過去的錯誤，從錯誤中吸取教訓，然後再把錯誤帶來的負擔忘掉。

每個女人都會有不順的時候，試著在最不開心和失敗時對自己說：「這是最糟糕的了，不會再有比這更倒楣的事發生了。」既然「最糟糕的事」都已經發生了，還有什麼可怕的呢？既然已經到了最低谷，那麼以後就該順利了。

尋找快樂，就不可專注於負面的情緒，不要總是提醒自己：「這事上次沒做好，這次千萬不要再出差錯」、「這段路總是出交通事故」等等。否則，只會使心裡更緊張。懂得快樂的人就會避免用失敗的教訓來提醒自己，而常用一些積極性的暗示，比如「這事我最拿手，一定會做好」、「經過這段路時應該減慢速度」等等。這種積極的暗示，比起向自己強調負面結果要好得多。

尋找快樂，就別給自己貼上失敗的「標籤」，不要總是對自己說「我不行」、「我做不了」、「大家都不喜歡我」。事實上，真正能夠擊倒你的人恰恰是你自己，你應該多給自己一些激勵與信心，相信自己並不比別人做得差，相信成功一定會屬於快樂的人，你就一定會做一個成功的快樂女人！

懂得調節自己的情緒，笑對人生，滿懷希望地尋找快樂的蹤跡，這樣的女人，快樂才會圍繞她跳起優雅的舞步。

《愛的藝術》指點迷津

快樂是對人生的一種深刻理解和感悟，是對生活苦難的一種蔑視和坦然。其實快樂很簡單，笑對艱難的生活，放棄內心太多的不切實際的慾望，你就是一個快樂的女人。

《愛的藝術・第三卷》

做一個快樂的女人吧！快樂對美貌毫無損害，而且還十分有益呢！

愛神邱比特天生就喜歡接近快樂的女人，他用利箭射穿她們的胸膛，讓她們在他耀眼的火炬下翩翩起舞。

對於快樂的女人，我們詩人所投入的是絕對的讚美：

「你的快樂，照亮他深埋的陰霾。」

「你的快樂，揮去他世界裡的陰雨。」

「你的快樂，讓他無法再忍受一個人的孤獨。」

「你的快樂，讓你幸福，也讓他幸福。」

在快樂的女人面前，男人忘記了老氣橫秋，拋開了勾心鬥角，有的只是充溢心田的滿足感。他無法控制自己不給快樂的女人最好的愛情，因為她的快樂正是他幸福的源泉。

美麗源於你的底蘊

在美的天平上，智慧是一個舉足輕重的砝碼。一個美麗的女人，若沒有智慧，她的美麗會隨著時光而流逝；相反，一個容貌一般的女人，若擁有智慧，時間也無法帶走她的風采。

《愛的藝術》說：「美麗的女人啊！不久之後，你的頭髮會變得灰白，你的臉上會留下道道皺紋。所以，請培養你的智慧，用它來襯托你的美麗吧！」

擁有美麗的容貌值得慶幸，但是要知道，「僅憑漂亮的容貌和優美的身段是不夠的。即使你是世界上最美的女人，你也一樣不足以使愛情常青永駐」。

因為，「美麗只是一種容易消逝的上天的恩賜；隨著時光的流逝，它會漸漸地消殘；時間越長久，它就越接近消亡。」

《愛的藝術》提醒你：「紫羅蘭和百合花不會永久地在枝頭開放；薔薇花一旦凋謝，它的空枝上就會只剩下棘刺。同樣，美麗的女人啊！不久之後，你的頭髮會變得灰白，你的臉上會留下道道皺紋。所以，請培養你的智慧，用它來襯托你的美麗吧！」

「女子無才便是德」的時代早已作古，智慧的女人冰雪聰明、玲瓏剔透令人折服，她們知識淵博，各種話題信手拈來，絕不會令人感到低俗無味。

真正有智慧的女人不是臉蛋長得最漂亮的，而是看上去賞心悅目，因為她有一種知識帶來的氣質。她不追求潮流，卻能匠心獨具穿出個人品味。她能傳達出內心的成熟與豐富，像一杯醇厚的葡萄酒，令人微醺微醉。她很懂得語言的藝術，從不會在觀點不一時將自己的意見強加於人。她會輕鬆地化解無聊的玩笑，既不會板起面孔製造尷尬，亦不會不聲不響照單全收，她會以委婉的方式暗示「此種話題不受歡迎」。

思想讓人心靈鮮活起來。擁有智慧的女性都有極強的「保鮮」能力，歲月與生活的瑣碎無法在她的心靈烙下庸俗的痕跡，她善於發現生活中的美與輝煌，藉以衝破無邊無際的黑暗，重獲新生。她喜歡親近自然，遠方的風景和清冽的空氣能撫慰她的疲憊與彷徨，不經意間流露的未泯童心，令人莞爾。

知識能美化人的心性。智慧的女人一般都樂於接受別人的意見，對無傷大雅的「越軌」也能一笑置之。然而，人云亦云、毫無主見地隨波逐流卻為她所摒棄。她不會意亂情迷到喪失道德的程度，「己所不欲，勿施於人」，她不屑於插足別人之間，緋聞從來都離她很遠。

她也能很好地控制情緒。她能從細微之中敏銳地做出反應，不過卻不疑神疑鬼。她能在任何時候深吸一口氣，告誡自己不要驚慌失措或亂發脾氣。她不會將私人的事及壞情緒帶給別人，或者將別處的不快延伸至家裡。

智慧的女人喜歡讀書，而讀書的女人沒有不美麗的。她的微笑，她的聰慧，她的妙語連珠，甚至她的晶亮的眸子，都是整體風景的青山綠水，是空谷的幽蘭、月夜的笛音。這種自生命中流露出來的美麗，似乎與生俱來令人難以抗拒。

女孩子怎能不讀書呢？

不讀書的女孩是衣架，她的目光是散漫的，心是空的。一個心靈空空的女人就不會耐看，就不會有優秀的男孩來看她。因此，幾乎每位作家除了讓女主角穿上漂亮的衣服，還會造就她們以萬種風情，使她們成為不可磨滅的經典形象珍藏於世。因此，一個魅力的紫衣女孩坐在春天的花園裡讀書的形象便成了畫家筆下的圖畫。那讀書女子將她的美麗透過衣衫如春天的霧向四面八方瀰漫，讓旁人都呼吸到了她夢幻般的文化氣息。

因此，努力成為一個智慧的女人吧！美麗的容貌會隨時光而流逝，智慧卻能伴隨你一生，正如《愛的藝術》所說：「那唯一能夠伴你終生，直至墳墓的瑰寶就是智慧啊！」倘若你不但擁有美麗的容貌，還擁有智慧，那麼你就一定會更加美麗動人。外在美與內在美巧妙地結合在一起的女人，才是最完美的女人。

《愛的藝術》指點迷津

俊美的容貌、入時的髮型、適中的身材、端正的步態、優雅的姿勢、宜人的舉止、悅耳的聲音、動聽的語言、得體的服飾，如此種種的確令人刮目相看。具有這種外在特徵的女性的確迷人。然而，女人的美麗不但是外在美，它有深刻的內蘊：優良的品質、淵博的學識、寬闊的心胸、堅強的意志、豁達的性情、遠大的理想、真誠的關心。

《愛的藝術．第三卷》

如果你值得別人去愛，別人會自然而然地愛你的。

但是，僅憑漂亮的容貌和優美的身段是不夠的。即使你是世界上最美的女人，你也一樣不足以使愛情常青永駐。

要想長久地留住你的情人，要想避免有朝一日被他拋棄之類的事情，你應該在美貌之外再加上智慧。

美麗只是一種容易消逝的上天的恩賜；隨著時光的流逝，它會漸漸地消殘；時間越長久，它就越接近消亡。

紫羅蘭和百合花不會永久地在枝頭開放；薔薇花一旦凋謝，它的空枝上就會只剩下棘刺。同樣，美麗的女人啊！不久之後，你的頭髮會變得灰白，你的臉上會留下道道皺紋。所以，請培養你的智慧，用它來襯托你的美麗吧！智慧是嘲弄時間的，那唯一能夠伴你終生，直至墳墓的瑰寶就是智慧啊！

智慧女人的四帖「愛情保鮮方」

聰明的女人，應該是愛情的「調味師」，懂得掌握喜怒哀樂的情緒發揮，知道適時地在生活中加入酸甜苦辣的調味劑，讓愛情永久保鮮。

《愛的藝術》說：「藝術在哪裡沒有發言權呢？可愛的女人們甚至應該學會怎樣哭泣才能哭得高雅……因為眼淚是女人最管用的武器……」

在初識時的激情漸漸冷卻後，兩人開始進入相處與了解階段，這是考驗雙方性格、價值與觀念的時刻。這時，「熟悉」成了愛情的大敵，即使國色天香，相處久了也不免麻木。唯有智慧的相處哲學，才不致讓感情變得索然無味，才能使對方「讀你千遍也不厭倦」。

下面便是《愛的藝術》為你提供的四帖「愛情保鮮方」，熟知運用，可以使愛情越久越香。

眼淚，是征服男人的重武器

《愛的藝術》認為：「眼淚是女人很管用的武器，它往往能使女人在男人面前輕鬆地達到目的。」眼淚，能讓他知道你有一顆脆弱善感的心。爭吵時，他提出分手、說了重話，或者他有二心，都是落淚的「必要」時機。特別是兩人鬧意見鬧得不可開交時，與其硬碰硬，兩敗俱傷，倒不如適時運用「眼淚攻勢」化解僵局。

眼淚，是用來表達憂傷或憤怒的，不要用它來凸顯你的任性與跋扈。不要他一旦不遵照你的「旨意」，或是你的要求沒有答應，就淚眼婆娑。這樣的眼淚只會成為男人的負擔，讓男人望而卻步。

嚎啕大哭，既難看又膚淺；抑聲啜泣，較能引發男人的疼惜。淚珠盈眶卻努力擠出一絲笑意，表現強顏歡笑的淒美，最叫男人動心。把臉撇開，任由淚水滑落，故作堅強的溫柔，尤令男人不忍。

撒嬌，讓男人無法抗拒

在《愛的藝術》看來，撒嬌能增添女性的韻味，讓男人為之動心。

不管你年紀多大，有時候撒嬌任性、賴皮一下，可以增加感情的「蜜度」。

花前月下，佳人有約，你可以撒嬌地硬要他為你摘下天上的月亮；鬥嘴辯論鬥不贏時，耍賴地說：「不管啦，誰教你比我大，大讓小啦！」約會遲到了，不妨先發制人，嬌嗔道：「是你害我遲到啦，每次見你，人家就不知道要穿什麼衣服，猶豫不決，所以才耽誤時間了嘛！」

情人的對話，總免不了肉麻，甚至近乎痴傻。不過，聽在當事人的耳裡，可是字字甜入心坎，句句叫人銷魂的！

讚美，使男人感到「優越」

戀人間的相互恭維能使「二人世界」充滿燦爛的陽光，相互欣賞會令愛情之湖蕩漾幸福的漣漪。

《愛的藝術》提醒你，讚美不僅會使男人感到「優越」，還能以此帶給對方鼓勵。人都有一種傾向，就是依照外界強加的性格去生活。我們在生活中也常常會看到這樣的事：對一個小孩子說他很笨拙，他就會變得比以前更加遲鈍；如果讚美他有禮貌，他就會「叔叔」、「阿姨」叫得更甜。成人也是一樣，假如就像他已經成功那樣對待他，那麼在無意間，他就會表現出超常的能力。因此每個戀人對自己男友的稱讚，都是對他的一種激勵，這比直接「教訓」的語言更能推動他滿懷激情地去盡力把事情辦好。反之，如果一味指責，就會使男人的意志更加消沉，更加不思進取，並最終一無所成。

溫情的嫉妒，也是一種美

一個不懂得嫉妒的女人，就像彈不起來的皮球，令人乏味。

對於愛的嫉妒，日本名作家有島武郎有極精闢的見解，他說：「愛的表現也許是毫不保留的給予，但愛的本質卻是百分之百的奪取。」也正是由於這種強烈奪取的占有欲，以致讓相愛的人患得患失、忐忑不安。

《愛的藝術》說：「女性不必始終隱藏嫉妒和不安，適時而恰到好處的嫉妒，可以證明自己對他的愛與重視，滿足男人的虛榮，讓他享受一下被女人醋勁『寵愛』的滋味，會使愛情更加牢固長久。」

「早上，你為什麼對小莉笑？」他的一舉一動都如此牽動著你。

他的女同事經常幫他倒水、買便當，你大可酸溜溜地說：「她為什麼對你這麼好？」讓他知道，「對他好」是你的專利。

偶爾，你可以霸道地要求他：「不准你偷瞄別的女人，不然，我以後會要你戴眼罩出門哦！」或者，「不准在我面前提起別的女人。」愛得太深，以致無法承受語言之輕。這種醋意，肯定會讓對方心裡喜滋滋的。

溫情的嫉妒，會讓他有被愛的感覺；猜疑，則會使對方感到被束縛、不被信任。

因此，你可以理直氣壯地要求他不准偷看或對其他女人笑，但別太疑神疑鬼，任何一點風吹草動，就以為對方要變心，這種過度的猜疑，只會扼殺掉彼此的愛情。

《愛的藝術》指點迷津

男人就像風箏一樣，拉得太鬆會飛走，拉得太緊又容易扯斷。所以，女人要懂得忽鬆忽緊地抓住男人，跟男人的距離也要永遠保持若即若離。有時盯牢他的行蹤，有時對他小小的「越軌」視而不見；有時讓他覺得你很在乎他，有時卻表現得並不那麼關心；信任他，但偶爾對他的說詞投「不信任票」。總之，和男人相處，女人要像優質稻米一樣，有點黏又不會太黏。

《愛的藝術．第三卷》

藝術在哪裡沒有發言權呢？

可愛的女人們甚至應該學會怎樣哭泣才能哭得高雅；她們需要學會在她們想哭和就要哭的時候該怎麼去做；而哭起來的時候又該哭到什麼程度。眼淚是女人最管用的武器，它往往能使女人在男人面前輕鬆地達到目的。

還有這樣一些女人，她們說話的時候常常嬌聲嬌氣，甚至裝著楚楚可憐。這些假裝出來的樣子，可以給她們增添一些女性的韻味，讓男人們為之動心。

女性需要男性的讚美，同樣，女性也要善於讚美男性。讚美並不一定要發自內心的欽佩，還可以以此來給對方鼓勵。女人的稱讚或許漫不經心，但被讚美的男士彷彿喝了蜜水一樣甜到心坎裡。

過分的嫉妒會破壞美好的愛情，但溫情的嫉妒卻是一種美。女性不必始終隱藏嫉妒和不安，適時而恰到好處的嫉妒，可以證明自己對他的愛與重視，滿足男人的虛榮，讓他享受一下被女人醋勁「寵愛」的滋味，會使愛情更加牢固長久。

以上這些雖然都是瑣碎的事情，但既然事實已經證明它們有用，你就應該認真地去研習。

電子書購買

國家圖書館出版品預行編目資料

我要看到愛流成河！奧維德愛的藝術：古羅馬詩人比你更懂撩，流傳兩千年的愛情聖經！/ 奧維德(Publius Ovidius Naso) 著；劉燁，諾瓦編譯．-- 第一版．-- 臺北市：崧燁文化事業有限公司，2022.03

面；　公分

POD 版

ISBN 978-626-332-059-8(平裝)

1.CST: 戀愛 2.CST: 兩性關係

544.37　111001321

我要看到愛流成河！奧維德愛的藝術：古羅馬詩人比你更懂撩，流傳兩千年的愛情聖經！

臉書

作　　者：奧維德 Publius Ovidius Naso

編　　譯：劉燁，諾瓦

排　　版：黃凡哲

發 行 人：黃振庭

出 版 者：崧燁文化事業有限公司

發 行 者：崧燁文化事業有限公司

E-mail：sonbookservice@gmail.com

粉 絲 頁：https://www.facebook.com/sonbookss/

網　　址：https://sonbook.net/

地　　址：台北市中正區重慶南路一段六十一號八樓 815 室

Rm. 815, 8F., No.61, Sec. 1, Chongqing S. Rd., Zhongzheng Dist., Taipei City 100, Taiwan

電　　話：(02) 2370-3310　　**傳　　真**：(02) 2388-1990

印　　刷：京峯彩色印刷有限公司（京峰數位）

律師顧問：廣華律師事務所 張珮琦律師

定　　價：299 元

發行日期：2022 年 03 月第一版

◎本書以 POD 印製